Bernard Fibicher [éd.]

Résister, encore :
Œuvres d'art, culture & démocratie

JRP|EDITIONS & LES PRESSES DU RÉEL

Bernard Fibicher [éd.]
Résister, encore :
Œuvres d'art, culture & démocratie

Avec les essais de Mieke Bal, Pascal Chabot, Markus Gabriel,
Isabelle Graw, Mary Jane Jacob, Plínio W. Prado, Andrew Ross,
Gregory Sholette, Marcus Steinweg et Michel Thévoz

Sommaire

Ce recueil d'essais, tous inédits, sur le thème de la résistance dans le domaine des arts et de la culture paraît à l'occasion d'une exposition intitulée *Résister, encore* au Musée cantonal des Beaux-Arts de Lausanne, conçue par Bernard Fibicher et organisée du 18 février au 15 mai 2022. Elle présente des œuvres de Miriam Cahn, Banu Cennetoğlu, Michel François, Philip Guston, Thomas Hirschhorn, Amar Kanwar, William Kentridge, Kimsooja, Sigalit Landau, Nalini Malani, Teresa Margolles, Zanele Muholi et Félix Vallotton.

Résister encore et toujours ?
Bernard Fibicher

Bernard Fibicher a étudié l'histoire de l'art aux universités de Zurich et Berne. Après un parcours
au sein du Musée cantonal des Beaux-Arts de Sion, du Kunsthaus de Zurich, de la Kunsthalle
de Berne et du Kunstmuseum de Berne, il prend la direction du Musée cantonal des Beaux-Arts de
Lausanne en 2007. Il a conçu plus de 100 expositions d'art ancien et contemporain, se spécialisant
notamment dans les projets dans l'espace public, les expositions thématiques – *Six Feet Under*,
Kunstmuseum, Berne, 2006 ; *Comme des bêtes*, Musée cantonal des Beaux-Arts, Lausanne, 2008 –,
et les expositions présentant d'autres cultures : pour l'art contemporain africain, *South Meets West*,
Kunsthalle, Berne, 2000 ; pour l'art contemporain chinois, *Mahjong. Collection Uli Sigg*, Kunstmuseum,
Berne, 2005 ; pour l'art contemporain indien, *Horn Please*, Kunstmuseum, Berne, 2007. Parmi les
expositions qu'il a récemment organisées au Musée cantonal des Beaux-Arts de Lausanne, citons
Nalini Malani. Splitting the Other, 2010, *Peinture. Alex Katz & Félix Vallotton*, 2013, *Giuseppe Penone.
Regards croisés*, 2015, et *Ai Weiwei. C'est toujours les autres*, 2018.

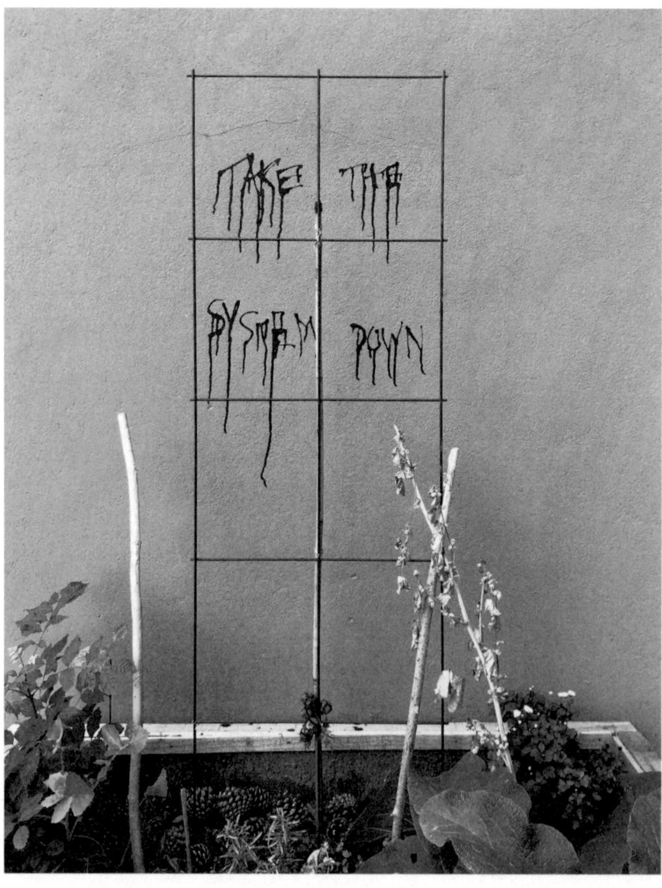

Photographie prise par l'auteur, Lausanne, novembre 2021

« Voyez-vous, s'il n'y avait pas de
résistance, il n'y aurait pas de
rapport de pouvoir. Parce que tout
serait simplement une question
d'obéissance. Dès l'instant où
l'individu est en situation de ne
pas faire ce qu'il veut, il doit utiliser
des rapports de pouvoir. La résistance vient donc en premier, et
elle reste supérieure à toutes les
forces du processus ; elle oblige,
sous son effet, les rapports de
pouvoir à changer. Je considère
donc que le terme de "résistance"
est le mot le plus important,
le mot-clef de cette dynamique[1]. »
—Michel Foucault

Aujourd'hui, les occasions et
urgences de résister contre un
« système » – nommé ou non – ne
manquent pas. Dans les pays à
régime autocratique, oligarchique
ou à parti unique, on manifeste
contre la liberté d'expression,
contre la corruption, pour plus
de participation citoyenne. Dans
nos démocraties, on assiste

également à une méfiance de plus en plus marquée envers les autorités politiques[2], dont le manque de réactivité ou l'impuissance réelle incitent un nombre croissant de personnes à résister en manifestant contre… un régime politique non-démocratique, la démocratie[3], les géants économiques digitaux (les GAFAM), le port d'un masque, le non-respect des droits de l'homme, la violence policière, l'homophobie, le capitalisme néolibéral[4], la corruption, le non-respect des droits de la femme, l'utilisation du glyphosate, l'expérimentation animale, les armes de destruction massive, le réseau G5, l'exploitation du gaz de schiste, l'entrave à la liberté d'expression, la publicité sexiste, la construction d'un mur, le non-respect des droits de l'enfant, les éoliennes, le racisme, le port du voile, les effets du changement climatique, la politique d'austérité, l'immigration, la construction d'un oléoduc, l'islamophobie, la privatisation de l'espace public, l'usage de la fourrure, l'antisémitisme, les aliments génétiquement modifiés, les centrales nucléaires, l'expulsion des sans-papiers, le spécisme, la déforestation massive, la torture, la chasse à la baleine, la suprématie blanche, la mondialisation, le droit de manifester…

Cette liste est loin d'être exhaustive. Certains mouvements de résistance portent des noms : One Billion Rising, la Révolution des parapluies, Watch the Med, Indignados, Black Lives Matter, le militantisme LGBTQI+, les Printemps arabes, Rojava, Fridays for Future, #MeToo, Global Justice Movement, les Gilets Jaunes, le Hirak, Color of Change, Occupy Wall Street, Migrant Solidarity Network, WikiLeaks, Aquaverde, etc. Certains mouvements sont personnalisés et donc volontiers médiatisés : pensons à Greta Thunberg, Stéphane Hessel, Noam Chomsky, Arundhati Roy, Naomi Klein, Almir Narayamoga Surui, Ai Weiwei, Juan José Villagómez Hernández, Alexeï Navalny, Julian Assange, Leah Namugerwa, Edward Snowden, Liu Xiaobo, Robin DiAngelo, pour ne citer que quelques noms parmi les plus connus. Et certains lieux de résistance sont devenus fameux : la place Tian'anmen, la place Taksim, la place de la République, la place de Mai, l'Avenue de l'Indépendance, etc. Mais très souvent, les « révolutions » d'aujourd'hui se font au niveau mondial sur les grands réseaux sociaux et sont donc anonymes et non localisables, ce qui les rend d'autant plus redoutables.

Les artistes font a priori partie des citoyennes et citoyens *engagé·e·s* – que ce soit d'un endroit particulier ou « du monde ». L'exposition *Résister, encore*, qui est à l'origine de la présente publication, examine les stratégies de résistance développées par les artistes devant les grands défis de notre époque : des stratégies exemplaires (individuelles ou collectives) telles que le retrait, le silence, la résilience[5], le tollé, l'indignation, la protestation, l'action, la réflexion, la satire, l'humour, etc., qui ne sont pas autre chose que des stratégies de survie. Par le fait d'opérer dans le champ de l'« inutile », de ne pas avoir à se ranger dans un quelconque « ordre des choses », l'artiste peut se permettre de poser toutes les questions fondamentales sans tenir compte de contraintes politiques, religieuses, économiques, morales ou même esthétiques. L'artiste américain d'origine juive Philip Guston (1913-1980), en retournant en 1968, après une période d'abstraction lyrique, à la figuration[6], avait fait scandale à l'époque – et le fait davantage encore aujourd'hui – en représentant des membres du Ku Klux Klan, à la coiffe pointue, dans des actions quotidiennes comme fumer un cigare, converser, dormir, conduire une voiture, ou… peindre. En s'identifiant avec le Mal, en explorant la complexité psychologique et morale du Vice, Philip Guston nous renvoie aux dilemmes existentiels générés par la suprématie blanche[7]. Il ne juge pas : il expose. La toile blanche du peintre est faite de la même toile que la coiffe pointue des membres du Klan.

L'artiste et philosophe Hito Steyerl (*1966) a publié en 2010 une étude au sujet de la recherche artistique tiraillée entre les extrêmes de l'institutionnalisation d'une part et ceux de la liberté d'autre part[8]. Dans un schéma sémiotique, elle situe la résistance (« Widerstand ») aux antipodes de la discipline (« Disziplinär »), du côté du débat public (« Öffentliche Debatte »), qui se distingue de l'autorité de la science ou de l'histoire de l'art « Wissenschaft/Kunstgeschichte »), et de l'autonomie esthétique (« Ästhetische Autonomie », considérée comme l'indépendance aux contingences du marché de l'art) :

SPEZIFISCH

WISSENSCHAFT/   ÖFFENTLICHE DEBATTE/
KUNSTGESCHICHTE   GEGENINFORMATION

DISZIPLINÄR   WIDERSTAND

KUNSTMARKT/   ÄSTHETISCHE
KREATIVINDUSTRIEN AUTONOMIE

SINGULÄR

Hito Steyerl inscrit la résistance dans un schéma aux valeurs (apparemment) neutres. Thomas Hirschhorn (*1957), au contraire, utilise un vocabulaire fortement connoté, subjectif, voire injonctif quand il dresse, dans un travail collaboratif avec le philosophe allemand Marcus Steinweg intitulé *The Map of Friendship Between Art and Philosophy* (2007 ; « La Carte de l'amitié entre l'art et la philosophie »), une cartographie des champs sémantiques « Hope », « Form », « Assertion », « Courage », « Universality », « Autonomy », « War », « Love », « Headlessness » et, justement, « Resistance » – soit l'espoir, la forme, l'affirmation, le courage, l'universalité, l'autonomie, la guerre, l'amour, la déprise du mental et la résistance. Les deux auteurs de cette « mind map » tissent ensuite des liens entre certains sous-concepts. Sous « Resistance », ils listent les mots « Diachronism », « Be Positive », « Risk », « Believe », « Movement », « Creation » et « Intensity » – pour diachronisme, être positif, risque, croire, mouvement, création et intensité. Il est difficile de faire des liens entre le schéma d'Hito Steyerl et celui de Thomas Hirschhorn & Marcus Steinweg. Le terme de diachronisme chez les seconds pourrait être le contraire de l'histoire de l'art chez la première ; risque, création et intensité pourraient être rapprochés de l'autonomie esthétique. Les deux schémas ou positions, loin d'illustrer la dichotomie classique entre la théorie et la pratique de l'art pour l'art et celles de l'art engagé (jusqu'aux pratiques activistes)[9], et en dépit d'un vocabulaire on ne peut plus différent, se rejoignent sur un point : la résistance se fait dans et à travers l'art.

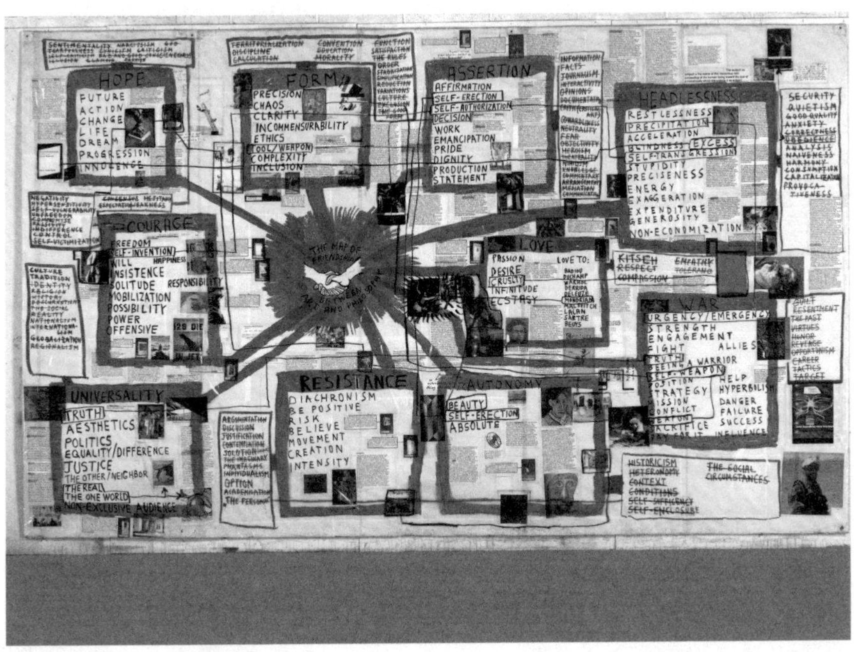

Thomas Hirschhorn & Marcus Steinweg
The Map of Friendship Between Art and Philosophy, 2007
Carton, papier, film plastique, ruban adhésif, imprimés, marqueur, stylo à bille, 400 × 240 cm
Page suivante : détail

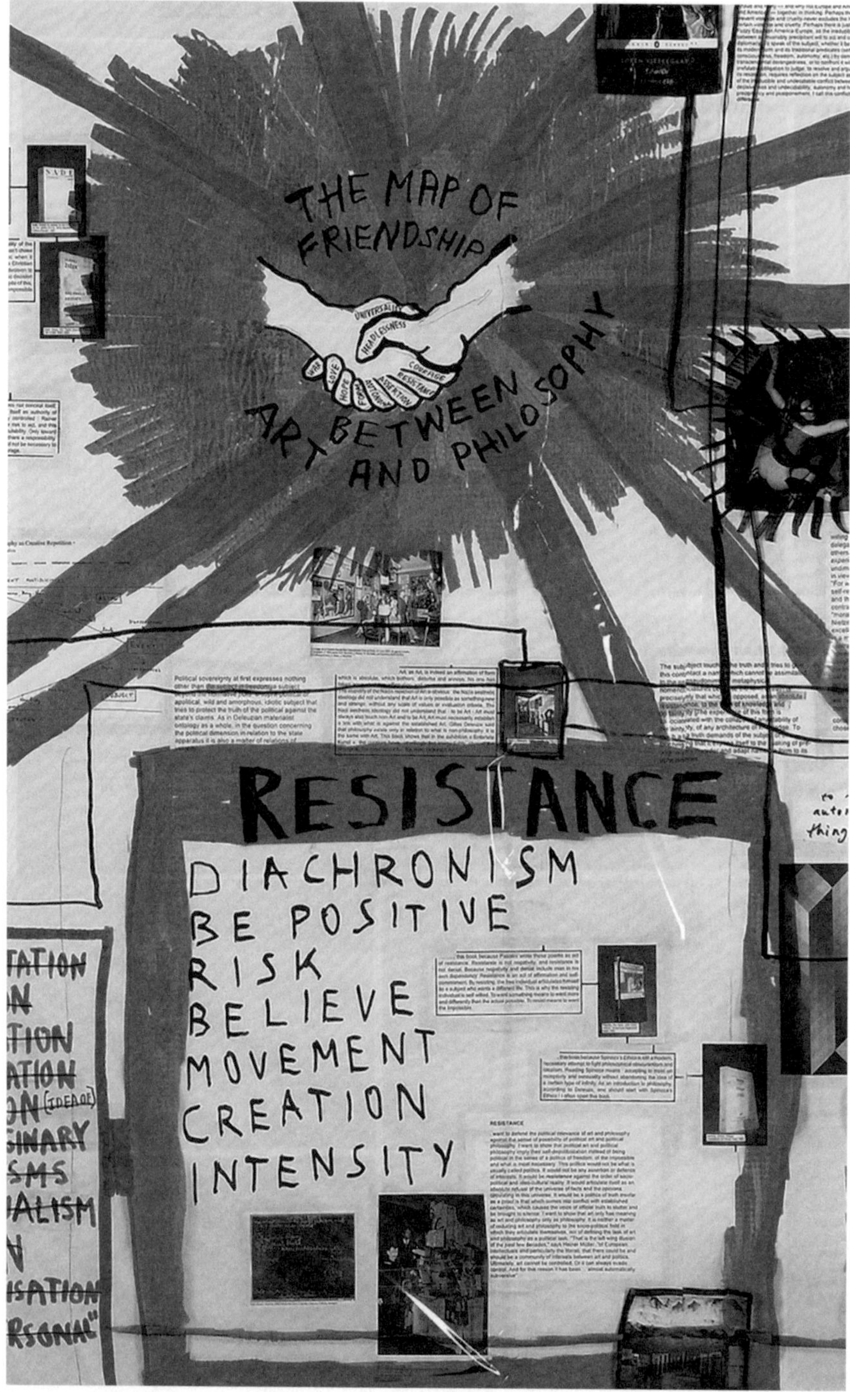
THE MAP OF FRIENDSHIP
ART BETWEEN AND PHILOSOPHY
UNIVERSALITY
HEADLESSNESS
COURAGE
RESISTANCE
ASSERTION
WEB
LOVE
HOPE
FORCE
BECOMING
RESISTANCE
DIACHRONISM
BE POSITIVE
RISK
BELIEVE
MOVEMENT
CREATION
INTENSITY

Hito Steyerl n'est nullement une adepte du repli sur des valeurs esthétiques ou formelles, d'un art dépolitisé.
Elle s'interroge toutefois sur la pertinence et la valeur d'un art libre de toute contingence, d'un art qui n'a pas besoin de performer, d'apprendre, de représenter des valeurs particulières. C'est une artiste engagée *dans l'art*. Quant à Thomas Hirschhorn, il proclame : « L'art est un outil. L'art est un outil de connaissance du monde, l'art est un outil de découverte du réel, l'art est un outil d'expérience du temps qui s'écoule. [...] Je veux travailler politiquement. Je veux faire face au Monde qui m'entoure, je veux rester attentif et lucide. [...] Je veux faire mon travail comme un guerrier. Tout doit venir de l'intérieur, de moi-même en confrontation avec moi-même. Je crois à la résistance dans l'art. Je veux travailler avec ce qui m'est propre et je veux rester libre[10]. » C'est bien parce que la résistance est intégrée *dans* l'art que le philosophe allemand Markus Gabriel peut affirmer que « résister est inutile ! » (« Widerstand ist zwecklos ! »)[11].

La position « objective » d'Hito Steyerl et celle, « engagée » de Thomas Hirschhorn & Marcus Steinweg aboutissent à une conclusion similaire : la résistance est constitutive de l'art. La création a comme moteur principal la résistance, ou, formulé autrement, la résistance peut être assimilée à un acte de création. Une analyse purement étymologique du terme « résistance » conduit au même constat : « Résister [...] s'entend au sens où *sistere* ou *exsistere*, c'est fondamentalement se tenir *hors de*, s'ouvrir à… , et partant *resistere* : se tenir, se dresser face à l'institué et sa clôture, pratiquant, réservant une *ouverture*. Tel serait le sens de résister désormais : pratiquer une ouverture, se ménager une échappée (puisque "Le sens du monde est *hors* du monde"…). Or l'essence de cette "ouverture" est artistique, littéraire[12]. » Maurice Blanchot abonde dans le même sens quand il tente d'ancrer la résistance dans l'acte d'écriture même : « Il y a peut-être un pouvoir culturel, mais il est ambigu et il risque toujours, perdant cette ambiguïté, de se mettre au service d'un autre pouvoir qui l'asservit. Écrire est, à la limite, ce qui ne se peut pas, donc toujours à la recherche d'un non-pouvoir, refusant la maîtrise, l'ordre et d'abord l'ordre établi, préférant le silence à une parole d'absolue vérité, ainsi

contestant et contestant sans cesse[13]. » Quant à Marcus
Steinweg, en bifurquant dans le domaine de la philosophie,
il le formule ainsi : « Penser signifie faire ce qu'on ne peut
pas[14] ». Le seul fait de penser serait donc déjà un acte
de résistance.

Gilles Deleuze, dans une conférence où il tente de définir
l'acte de création, ouvre ce dernier à la contestation sociale :
« Créer n'est pas communiquer mais résister. [...] On écrit
en fonction d'un peuple à venir qui n'a pas de langage.
[...] L'acte de résistance a deux faces : il est humain et c'est
aussi l'acte de l'art. [...] Seul l'acte de résistance résiste
à la mort, soit sous la forme d'une œuvre d'art, soit sous la
forme d'une lutte des hommes[15]. » Résister serait donc
un acte existentiel permettant de donner un sens – si possible
pérenne – à la vie de l'esprit et à la vie sociale. Un autre
penseur, Jacques Ellul, à qui l'on doit le slogan « Exister,
c'est résister », préconise de résister avant tout au diktat de
l'État ou de la Nation : « Il importe avant tout de ne jamais
se laisser aller à la sollicitation du milieu social. Cela veut
dire que nous tentons de créer des points de refus et de contestation à l'égard de l'État. Non pas une opposition pour
modifier tel ou tel élément du régime ou pour prendre telle
décision mais, plus fondamentalement, pour faire apparaître
des organismes, des corps, des associations, des ensembles
à intérêts socio-politique, intellectuel, artistique, économique ou chrétien, totalement indépendants de l'État mais
dans une situation de capacité de lui résister, refuser aussi
bien ses pressions que ses contrôles ou ses dons, [...] capables
de contester que la Nation devienne la valeur suprême[16]. »
Comme dans le schéma d'Hito Steyerl, le curseur de la
résistance se trouve du côté de l'autonomie, mais d'une
autonomie débordant du champ de l'esthétique. Presque
toujours, la résistance s'entend comme une opposition
à quelque chose de rigide, à un système supposé statique[17].
    Néanmoins, il faut aujourd'hui se poser la question
de la pertinence de la résistance par rapport à un système
plus « organique » et souple (*soft*), ouvert à la transition, à la
métamorphose, à l'interdépendance, au partage, tel qu'il est
représenté par l'approche écosystémique, le management
participatif ou l'économie circulaire. Et inversement, la
durabilité environnementale recherchée à tout prix ne se

heurte-t-elle pas à la résistance au changement systémique ? Quelle est la place de la résistance dans ce contexte[18] ? Est-ce un concept dépassé ? Résister encore et toujours, vraiment ?

Un deuxième facteur *soft* est venu s'ajouter à la résistance, en guise de critique, mais aussi dans le sens d'une extension du concept : la *vulnérabilité*. Nous le devons à Judith Butler qui, dans une anthologie d'essais qu'elle a coéditée, tente, d'une part, de réhabiliter la vulnérabilité comme une composante fondamentale de la résistance et, d'autre part, de réviser l'idée que la vulnérabilité a besoin d'un soutien paternaliste. Elle affirme que l'exercice du pouvoir doit céder à des formes de résistance et de transformations sociales *collectives* : « Il s'agit de montrer que la vulnérabilité fait partie de la résistance, manifestée par de nouvelles formes d'interventions politiques incarnées et des modes d'alliance caractérisés par l'interdépendance et l'action publique. Celles-ci promettent de développer de nouveaux modes d'action collective qui ne nient pas la vulnérabilité en tant que ressource et qui aspirent à l'égalité, la liberté et la justice comme objectifs politiques[19]. » Ce serait donc la fin de la résistance en tant que geste individuel et héroïque (donc masculin) ?

Il reste à mentionner une dernière forme de résistance, consistant à résister à la résistance, à ne pas confondre avec la résistance passive. Puisque la culture ne peut en aucun cas contribuer à transformer le monde, ne vaudrait-il pas mieux ne pas prêter main forte à l'inévitable maintien du système par la résistance ? Formulé autrement : « Est-ce que notre activité [intellectuelle et culturelle] contribue à l'élaboration d'un monde plus juste et plus rationnel et favorise la mise en place d'une pratique progressiste ? Ou est-ce que, par notre activité, nous participons, de fait, de la reproduction du système, nous collaborons avec lui, voire nous aggravons la situation[20] ? » Décider de ne pas résister ne signifie cependant pas être inactif, ne rien faire, mais bien de *manifestement* s'abstenir de résister comme forme de conscientisation[21] de l'inutilité de la résistance. Ne pas résister peut aussi avoir comme but de créer des formes alternatives d'activité qui pourraient avoir une influence en profondeur, sur les structures mêmes. Le philosophe

Slavoj Žižek, pourtant un apôtre de l'action révolutionnaire marxiste, lance de manière provocante : « [...] il faut avoir le courage de soutenir que, dans la situation actuelle, le seul moyen de rester véritablement ouvert à l'opportunité révolutionnaire est de refuser de simples appels à l'action directe qui nous impliquent nécessairement dans une activité où les choses ne changent que dans la mesure où tout reste absolument tel quel. [...] La seule façon de jeter les bases d'un changement véritable et radical est d'échapper à l'impulsion d'agir, de ne "rien faire" – et de cette manière d'ouvrir l'espace à une autre forme d'activité[22]. »

[1] Michel Foucault, *Dits et écrits II, 1976-1988*, Gallimard, Paris 2001, p. 1590-1591.

[2] De plus en plus souvent, les résistances se veulent « citoyennes ». Elles viennent donc de l'intérieur et prennent comme cible les instruments démocratiques justement mis en place pour la participation citoyenne. Voir à ce sujet, Albert Ogien et Sandra Laugier, *Pourquoi désobéir en démocratie ?*, La Découverte, Paris 2010.

[3] En se fondant sur John Dewey, Mary Jane Jacob analyse dans le présent ouvrage la démocratie comme agent de changement et donc comme condition pour la pratique artistique.

[4] Voir, parmi les nombreuses publications à ce sujet, Noam Chomsky et Marv Waterstone, *Les Conséquences du capitalisme. Du mécontentement à la résistance*, Lux Éditeur, Montréal 2021.

[5] Toute une série de formes de résistance est aujourd'hui véhiculée par le contraire de ce qui est supposément demandé, à savoir la productivité, la compétition, l'accélération, la vitesse, la réactivité, la disponibilité : lenteur, slow food, slow sex, slow science, slow cities, Slow Art Day…

[6] « What kind of a man am I, sitting at home reading magazines, going into frustrated fury about everything— and then going into my studio to adjust a red to a blue? » : « Philip Guston Talking », in *Philip Guston: Paintings 1969–1980*, cat. exp., Whitechapel Art Gallery, Londres 1982, p. 53 ; soit « Quel genre d'homme suis-je, assis à la maison à lire des magazines, pour ainsi entrer dans des colères pleines de frustration à propos de tout et n'importe quoi, puis à me rendre au studio pour accorder un rouge à un bleu ? »

[7] Voir, à ce propos, l'excellent article de Mette Gieskes, « I Is an Other : Philip Guston's Imagined Incarnations of God and Klansmen », in Volker Manuth, Rudie van Leeuwen, Jos Koldeweij (éds.), *Aspects of the Portrait Historié in Western Art from Antiquity to the Present*, Brepols, Turnhout 2016, p. 285-304.

[8] Hito Steyerl, « Ästhetik des Widerstands? Künstlerische Forschung als Disziplin und Konflikt », *Transversal*, janvier 2010, accessible sur https://transversal.at/transversal/0311/ steyerl/de [décembre 2021].

[9] Dont le plus éminent représentant est Joseph Beuys, qui déclarait que « l'art doit se référer aux questions globales de la société, puisque c'est dans l'art que la position de la liberté et de la faculté humaine trouve sa meilleure représentation » : « Entretien-débat mené par Ryszard Stanislawski », in *Et tous ils changent le monde*, cat. exp., 2ᵉ Biennale de Lyon, Réunion des musées nationaux, Paris 1993, p. 109.

[10] Thomas Hirschhorn, *Une volonté de faire*, introduction de Sally Bonn, Macula, Paris 2015, p. 48.

[11] Tel est le titre de sa contribution dans le présent ouvrage.

[12] Denis Viennet, « De l'urgence de résister aujourd'hui », *Le Portique*, n°31, 2013, accessible sur http://journals. openedition.org/leportique/2682 [décembre 2021].

[13] Maurice Blanchot, *Écrits politiques, 1953-1993*, Gallimard, Paris 2008, p. 222. Voir également à ce sujet la belle conclusion de l'article de Pascal Chabot dans le présent ouvrage.

[14] Voir la note 14 et la collection d'aphorismes du texte de Marcus Steinweg dans le présent ouvrage.

[15] Gilles Deleuze, « Qu'est-ce que l'acte de création ? », conférence à la FEMIS, 17 mars 1987, accessible sur www.webdeleuze.com/textes/134 [décembre 2021].

[16] Jacques Ellul, *L'Illusion politique* (1965), La Table Ronde, Paris 2004, p. 297.

[17] L'artiste peut dès lors se retourner contre le système censé lui servir de support et ainsi résister au musée. Voir, à ce propos, les contributions de Gregory Sholette et Michel Thévoz dans le présent ouvrage.

[18] Isabelle Graw tente de donner quelques réponses à ces questions dans le présent ouvrage.

[19] « The point is to show that vulnerability is part of resistance, made manifest by new forms of embodied political interventions and modes of alliance that are characterized by interdependency and public action. These hold the promise of developing new modes of collective agency that do not deny vulnerability as a resource and that aspire to equality, freedom, and justice as their political aims », in Judith Butler, Zeynep Gambetti et Leticia Sabsay (éds.), *Vulnerability in Resistance*, Duke University Press, Durham 2016, p. 7.

[20] Geoffroy de Lagasnerie, *Penser dans un monde mauvais*, Presses universitaires de France, Paris 2017, p. 13.

[21] Terme forgé par le pédagogue brésilien Paolo Freire signifiant un processus éducatif spécifique qui assure le passage de la « conscience naïve » à la « conscience critique ».

[22] « Gegen diese Einstellung sollte man den Mut haben zu behaupten, dass in einer Situation wie der heutigen die einzige Möglichkeit, für die revolutionäre Gelegenheit wirklich offen zu bleiben, darin liegt, sich einfachen Aufrufen zu direktem Handeln zu verweigern, die uns notwendig in eine Aktivität verwickelt, bei der sich die Dinge nur in der Weise ändern, dass das Ganze so bleibt, wie es ist. [...] Die einzige Möglichkeit, die Grundlagen für eine wahre, radikale Veränderung zu legen, ist die, sich dem Antrieb, zu handeln, zu entziehen, "nichts zu tun" – und auf diese Weise den Raum für eine andere Form von Aktivität zu eröffnen », in Slavoj Žižek, *Die politische Suspension des Ethischen*, Suhrkamp Verlag, Francfort 2005, p. 159.

Oh non !
Indispensable mais insuffisant : la résistance entre art activiste et art activant
Mieke Bal

Mieke Bal est autrice, théoricienne de la culture, cinéaste, vidéaste, commissaire d'exposition et critique. Elle a fondé l'Amsterdam School of Cultural Studies en 1983. Elle a été professeure à l'Académie royale des arts et des sciences des Pays-Bas (2005-2011) et professeure de théorie de la littérature à l'Université d'Amsterdam (1991-2011). Ses principaux sujets de recherche concernent le genre, la culture migratoire, la psychanalyse et la critique du capitalisme. Sa bibliographie comprend une trilogie sur l'art politique : *Endless Andness* (sur l'abstraction, Bloomsbury, Londres 2013), *Thinking in Film* (sur l'installation vidéo, Bloomsbury, Londres 2003) et *Of What One Cannot Speak* (sur la sculpture, University of Chicago Press, Chicago 2010). Ses premiers travaux sont réunis dans *A Mieke Bal Reader*, University of Chicago Press, Chicago 2006. *Narratology* (University of Toronto, Toronto 2017) est devenu un classique international, désormais prolongé d'un deuxième volume, *Narratology in Practice*, publié en 2021. Ses documentaires vidéo, tels que *Separations* (2009) et l'installation *Nothing is Missing* (2006-2010), portent sur la migration. Avec Michelle Williams Gamaker, elle a exploré la psychanalyse dans le film *A Long History of Madness* (2012) et les liens entre séduction érotique et capitalisme dans le long-métrage *Madame B: Explorations in Emotional Capitalism* (2014). Dans *Reasonable Doubt* (2016), elle visualise le processus de la pensée par le biais de René Descartes.

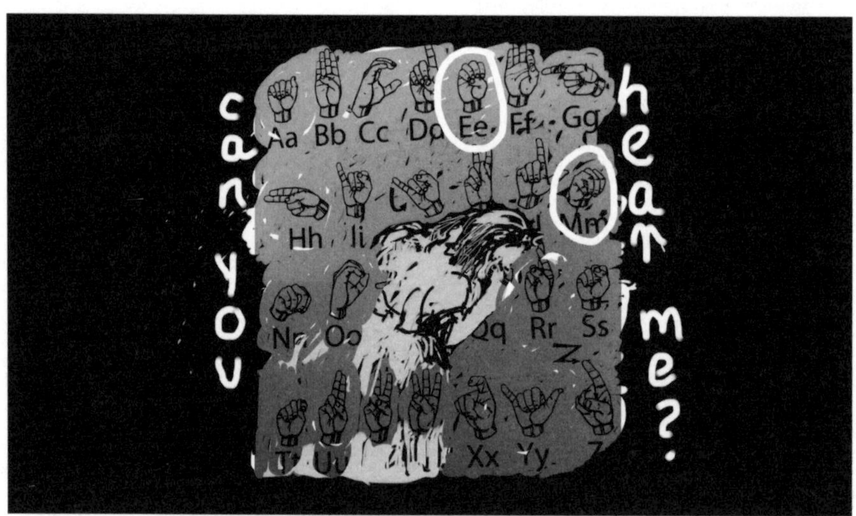

Nalini Malani
Can You Hear Me?, 22 juillet 2018
Animation vidéo dessinée à l'iPad issue d'un ensemble de 88 films projetés simultanément sur neuf écrans, durée variable

Prélude

« Oh, non ! ». Telle fut ma réaction lorsque, de manière totalement inattendue, j'ai assisté en direct au meurtre de George Floyd. Cette tragédie épouvantable, impossible à oublier, est devenue soudainement si réelle au moment de la diffusion, le 25 mai 2020, d'une vidéo de huit minutes et quarante-six secondes. Cette vidéo a été réalisée et montrée ; elle a été vue et elle a provoqué de la résistance dans le monde entier, une vague de « encore ». Selon les termes concis du célèbre analyste visuel W. J. T. Mitchell, auteur d'un article crucial et impitoyablement critique au titre éclairant de « Present Tense 2020 ; An Iconology of the Epoch », la vidéo est le fait d'une « jeune fille de dix-sept ans, Darnella Frazier[1], qui a eu le courage de ne pas détourner le regard[2] ». Tel est, me semble-t-il, ce qui compte dans la culture visuelle : ne pas regarder ailleurs. Et regarder se produit, par définition, dans le « temps du présent ». Au moment où le monde commence tout juste à s'adapter à la pandémie du Covid-19, la brutalité et le racisme endémiques de la police nous sont jetés à la figure. W. J. T. Mitchell décrit l'image-terreur avec une précision obsédante :

> C'est l'exemple parfait de ce que Gilles Deleuze appelle une « image-temps » dans sa durée étirée, la caméra pointée de manière continue sur sa cible, capturant uniquement les mouvements et les sons les plus infimes, traquant l'étranglement intolérablement lent d'un homme noir, coincé sous le genou d'un flic blanc qui ne témoigne d'aucun symptôme de stress ou de bouleversement, accomplissant au contraire le meurtre d'un être humain avec un calme suprême, une main glissée dans la poche[3].

Et de fait, le mouvement de résistance #BlackLivesMatter, apparu en 2013, a dû être réactivé – encore une fois. La violence raciste ne semble pas en voie de disparition. Les arts visuels, qui incluent cette vidéo réalisée par une adolescente, en rend compte, l'illustre, la met en débat et encourage les protestations : un type d'action que nous appelons résistance. Et cette visualisation est nécessaire. Les mots ne pourraient qu'échouer à véhiculer ce que W. J. T. Mitchell décrit comme « l'étranglement intolérablement lent ». Parce que nous avons besoin d'éprouver cette lenteur, la totalité de ces huit minutes et quarante-six secondes durant lesquelles la victime dit à plusieurs reprises – et en vain : « Je ne peux pas respirer ». La durée et le temps comptent. W. J. T. Mitchell écrit cet article essentiel à l'époque où se produit l'événement, moment qui est également celui du confinement lié au coronavirus, dévalorisé par un fou qui se moque d'une pandémie considérée comme un « simple rhume », alors que des citoyens décèdent à un rythme effréné. Partant du « temps du présent » et y revenant, le cœur de l'article de W. J. T. Mitchell se consacre à des analyses d'une finesse caractéristique sur les images – sur l'art en relation avec l'histoire, avec ses différents instants de temps présent.

« Oh, non ! ». Telle avait été ma réponse intuitive, quatre ans auparavant, face aux visages défaits que je croisais dans les rues de Lucerne où je me trouvais lorsque ce clown pathologiquement narcissique, doublé d'un fraudeur fiscal, a été « élu » – avec une minorité de voix – président de ce que l'on considère comme la plus vieille démocratie du monde. Dans les rues d'une ville suisse, j'ai vu et assisté au deuil général des masses anonymes. Mais ni cet abattement du corps social, ni mon « Oh, non ! » n'ont provoqué de différence. Le monde était condamné à composer avec lui et ses décisions destructrices pour quatre années, créant une atmosphère socio-politique autorisant le type de meurtre perpétré en 2020 et si malheureusement bien décrit par W. J. T. Mitchell. Faire face, selon les mots d'une extrême minutie de ce dernier, au « meurtre d'un être humain [accompli] avec un calme suprême, une main glissée dans la poche » dessine le désespoir de la résistance, y compris la visibilité de cette inanité. C'est une *figuration* précise de l'insensibilité que nous étions contraints de regarder. La description du détail de « la main dans la poche » témoigne de l'indifférence qui se déploie tout au long de cette violence meurtrière. L'indifférence est le pire piège éthique qui soit et c'est, pourtant, le plus répandu[4].

Pourquoi une telle impuissance, et comment l'art peut-il y remédier ? Le problème avec la résistance est qu'elle est négative ; logiquement et par définition, le négatif est flou. « Oh, non ! » s'applique à tout ce qui ne figure pas parmi ce que nous apprécions en particulier. En raison de ce flou, cette négativité est désespérément improductive en ceci qu'elle ne génère pas le pouvoir nécessaire à une action efficace. La résistance est-elle alors inutile ? Pas véritablement, mais elle ne peut agir seule. Dans son analyse précieuse du concept du politique, détaillé plus loin, la philosophe politique Wendy Brown exprime l'insuffisance de ce qui, dans le même temps, est absolument indispensable. Dans son examen rigoureux de la résistance conçue comme programme politique, elle écrit :

> La [R]ésistance en tant que politique ne suscite pas les dilemmes liés à la responsabilité et à la justification qu'implique l'« affirmation » de projets et de normes politiques [...]. La [R]ésistance est un effet du pouvoir et une réaction à ce pouvoir, non son usurpation[5].

« Une réaction à ». Voici une arme insuffisante pour provoquer le changement politique qui est le but de la résistance : devenir soi-même redondant en modifiant la mentalité publique. Ce qui signifie que la résistance seule ne peut être politiquement efficace. Sans parler de la résistance dans ou par l'art – que beaucoup considèrent, de façon regrettable, comme un luxe frivole, « agréable », mais guère pertinent. On a pu entendre des membres des partis populistes aux Pays-Bas – et bien sûr, pas uniquement dans ce pays – affirmer que l'art était un « passe-temps gauchiste ». Cette insulte faite à ce que je considère d'une importance vitale est gravée dans ma mémoire, comme sur une pierre. J'ai tenté de m'y opposer par une déclaration en forme d'épigraphe qui clôt un livre d'entretiens : « si nous perdons l'art, nous perdons la culture ; si nous perdons la culture, nous mourrons[6] ».

Et pourtant, avec ma tendance à résister sans espoir, je pense que l'exposition *Résister, encore* au Musée cantonal des Beaux-Arts de Lausanne (2022) démontre que l'art peut et, par conséquent, doit mettre en œuvre une résistance. Cela peut provoquer le découragement et la fatigue, mais aussi la résurgence d'une énergie politique qu'implique l'adverbe « encore » placé dans le titre de cette publication et de l'exposition qu'il accompagne, en vue d'une efficacité politique qui ne se noie pas dans le flou de la négativité. La question est de savoir comment cela est possible. Telle est la problématique à laquelle j'ai consacré la plupart de mes projets, à la fois académiques et artistiques. La question centrale de ces réflexions était et est toujours de savoir comment l'art peut être politiquement efficace précisément en ne portant *pas* (uniquement) « sur » la politique. Cette préposition « sur » concentre en elle deux problèmes. L'un est qu'elle implique une représentation (un discours à la troisième personne), en lieu et place d'une présentation fondée sur une communication et des échanges directs. Deuxièmement, elle renvoie à des questions politiques plus spécifiques en faveur desquels plaide l'art, ignorant de fait le contexte politique plus large favorisant les problèmes que soulèvent ces questions. Cet art qui s'institue en avocat politique, nous l'appelons « activiste » ou militant.

Les arts visuels peuvent ne pas apparaître comme l'outil le plus évident de cette résistance, en ce que la condition première pour échapper à une négativité impuissante est de s'impliquer dans un dialogue à la première-seconde personne : pour être *entendu* – écouté, compris et à même de fonctionner dans ce dialogue première/seconde personne qui constitue, aux yeux du linguiste français Émile Benveniste, l'essence du langage[7]. Émile Benveniste a radicalement fait évoluer l'objet de la théorie linguistique de la signification à l'interaction au présent (« deixis »). Ce qui n'a rien d'évident, absolument rien, comme l'artiste indienne Nalini Malani (*1946) en témoigne avec force dans ses nombreuses œuvres d'art et expositions. Cette artiste visuelle a mis l'accent sur le besoin d'être entendu, dissolvant par là-même le paradoxe. Influencé par son travail, j'ai récemment réalisé un film évoquant le temps et l'urgence, fondé sur le personnage de Cassandre, héroïne d'une résistance qui n'est pas entendue[8].

    Cette jeune femme, mythologique, était capable de prédire le futur mais, ayant refusé de céder aux avances du dieu Apollon qui lui avait offert ce don pour la séduire, elle fut maudite par ce dernier : elle verrait, et donc saurait tout, mais nul ne l'entendrait. Ayant à l'esprit quelques vagues réminiscences issues du lycée, je me suis de nouveau intéressée à la figure de Cassandre par l'intermédiaire de voies différentes et convergentes : le militantisme de Greta Thunberg et de tous ces jeunes gens qui manifestent contre la destruction imminente de la planète et l'indifférence actuelle à l'égard de cette situation ; le roman *Kassandra* (1983) de l'écrivaine est-allemande Christa Wolf qui extrait le personnage de l'Antiquité pour le ramener au présent ; l'analogie entre la malédiction de Cassandre et le récent mouvement #MeToo, autre exemple du « résister, encore ». Mais en tout premier lieu, ce regain d'intérêt est inspiré par l'œuvre remarquable de Nalini Malani qui convoque la figure de Cassandre lors de la dOCUMENTA 13 de Kassel en 2012, à l'occasion de son théâtre d'ombres vidéo intitulé *In Search of Vanished Blood*, avant de revisiter le personnage et ce qu'il incarne dans une œuvre plus récente lors de l'exposition *Cassandra's Gift* de New Delhi en 2014, ainsi que, plus récemment encore, dans des œuvres d'animation et notamment *Can You Hear Me ?* (2018-2020) qui apparaît dans l'exposition organisée à Lausanne. Nalini Malani témoigne de l'intérêt qu'elle porte à Cassandre dès sa première exposition

individuelle en 2008 à l'Arario Gallery de New York, intitulée
Listening to the Shades[9]. Le hasard veut que l'inauguration de
cette exposition a coïncidé avec le jour où la banque d'inves-
tissement Lehman Brothers s'est placée sous la protection
du chapitre 11 du code commercial américain pour éviter
la faillite[10].

Mon film est conçu comme un « film-essai » expérimental,
genre qui requiert un point de vue socio-politique ou, pour
le dire autrement, militant[11]. Il suit plusieurs fils de résistance qui comprennent le pouvoir patriarcal, l'héroïsme,
l'obsession de la chronologie et l'indifférence à l'égard du
désastre, aussi bien que la nécessité de tous nous secouer ;
en d'autres termes : l'urgence. Ce qu'a bien compris Patricio
Hernández, directeur de l'édition 2021 du festival Mucho
Más Mayo de Carthagène, Espagne. Cette année-là, le festival
fut consacré à la crise climatique, avec pour titre évocateur,
Antes del colapso ; Arte y emergencia climática (« Avant la catastrophe : art et urgence climatique »). C'est dans le cadre
du thème de l'urgence que Patricio Hernández a inclus mon
film. Dans ce film aussi bien que dans tous les autres cas,
Cassandre incarne la volonté de camper sur ses positions,
en affrontant le refus, l'indifférence ou, tout du moins,
l'impuissance d'une grande majorité de personnes à arrêter
la catastrophe imminente – qu'il s'agisse, alors, de la
destruction de Troie ou, aujourd'hui, de celle de la planète
toute entière. Il n'est pas de meilleur ni de plus clair
exemple du besoin de l'art de *faire* quelque chose ; d'exercer
un pouvoir que ne peut avoir la simple résistance avec sa
répétitivité (« encore »). La figure de Cassandre refuse de se
résigner à la malédiction que lui a infligée un mâle malveil-
lant qui, tout comme le policier blanc qui assassine si
calmement un homme noir, la main dans sa poche, abuse
de son pouvoir pour la mettre en position de faiblesse.
À l'évidence, #BlackLivesMatter et #MeToo constituent
les deux mouvements militants les plus puissants de
ces dernières décennies pour lesquelles ils se sont avérés
tellement nécessaires, tout comme ils le sont, aujourd'hui
encore, dans notre présent.

Nous avons réalisé ce film, doté d'un titre volontairement ambigu – *It's About Time !* – et d'un sous-titre valant
avertissement – *Reflections on Urgency* – en mars 2020, juste

avant le premier confinement dû au coronavirus, à la célèbre
école cinématographique de Lodz, Pologne. En recourant
au pronom pluriel « nous », je fais référence non seulement
à moi-même en tant qu'artiste invitée mais aussi à
Jakub Mikurda, récipiendaire de la subvention ayant rendu
l'expérience possible, qui m'a invitée comme première
expérimentatrice de son programme, ainsi qu'à une distribution et équipe fabuleuses, composées de jeunes artistes
en formation : acteurs et actrices, chef opérateur, monteur,
preneur et monteur de son, et bien davantage. Cette
pluralité est indispensable, non seulement parce qu'on ne
réalise jamais un film seul, mais encore en raison du besoin
d'une collectivité pour résister. L'urgence qu'exprime le
sous-titre a pris au cours du processus une signification
plus dense, à mesure qu'il devenait évident que le Covid-19
allait provoquer d'immenses dommages et tuer d'innom-
brables personnes. La quête qui sous-tend cette expérience
sur « qu'est-ce qu'un film-essai ? » touche à la question
du déploiement de l'art afin d'exprimer le besoin d'une
résistance qui ne soit pas menacée par le flou et l'impuissance. J'estime que c'est là le thème central auquel se
consacre *Résister, encore*. Je m'efforce d'y contribuer en
infléchissant la notion d'art *activiste* (militant) vers celle
d'un art qui *active, activant*. Tel est, de mon point de vue,
le programme de l'art : activer[12].

Riposter

J'articule cet argument en deux temps, tous les deux fondés
sur l'œuvre de Nalini Malani. Comme l'infléchissement
d'activiste à activant le suggère, j'éprouve une légère hésitation envers la notion d'art (seulement) activiste. Hésitation
qui ne provient pas d'un rejet de cette notion. L'art activiste
est en général d'une extrême utilité, en raison du « temps
du présent » : par l'évocation des problèmes urgents de
notre époque. Ce type de pratique artistique nous fait non
seulement prendre conscience de ces questions brûlantes
mais, encore, de la nécessité de l'art. Nalini Malani est une
artiste intensément militante, dont le fait de ne pas être
liée à un sujet en particulier est, en tant que tel, une composante de son activisme. Elle s'intéresse au monde chaque
fois qu'elle voit une chose qui exige de la résistance.

L'importance de l'art militant se discerne également dans
le travail de l'historien de l'art T. J. Demos, spécialiste de ce
sujet. Il démontre à quel point un regard avisé sur ce qui
importe le plus à une période donnée de l'Histoire est pertinent. T. J. Demos étend son analyse à l'art qui s'intéresse aux
forces oppressives des politiques portant sur la migration[13],
aussi bien qu'au capitalocène et à sa puissance de destruction
hyper-capitaliste et au fait de vivre par temps de pandémie
et de mourir par absence d'un monde dans lequel vivre.
Il plaide en faveur d'un art militant avec une ferveur plus
grande que, selon moi, tout autre spécialiste des arts visuels.
J'entends toutefois, également, l'avertissement de Theodor
W. Adorno à propos du problème inhérent à l'idée d'un art
politique, dans un sens militant. Comment un tel art peut-il
éviter deux pièges : devenir propagande et donc cesser
d'être de l'art, ou refuser de se politiser pour des raisons
artistiques, et donc favoriser l'apolitisme, posture politique
la plus dévastatrice qui soit[14]?

Nalini Malani réagit à partir d'une position qu'elle
décrit en ces termes : « Le sentiment d'être mise au pied du
mur constitue, dans ma vie et en art, une ligne rouge[15] »,
ligne rouge qui l'incite à riposter. Cette riposte correspond
à une réaction énergique mais se révèle être bien plus que
cela, pour la raison qu'elle n'agit pas au nom d'un simple
militantisme obsédé par un combat unique. Pour la raison
que la question première qu'elle élude avec obstination est :
comment l'art activiste peut-il éviter de se réduire à
« prêcher les convertis » ? Ce doute rejoint ma conviction
que seuls ceux qui inclinent déjà à s'accorder au message ou
au discours de l'œuvre d'art – son but politique – prendront
celui-ci en considération ; non que les autres ne s'en
soucient pas, mais ils ne considèrent probablement pas que
le but de l'art soit de lancer des appels aussi vigoureux.
En conséquence, l'art peut échouer à atteindre ceux qui,
jusque-là, n'ont pas sérieusement réfléchi au problème en
question ; ou qui ne voient jamais de solutions possibles.
Et ces personnes-là sont celles qui ont le plus besoin d'être
secouées. Je préfère donc et apprécie au plus haut point
le pouvoir qu'a l'art de faire réfléchir les spectateurs afin
qu'ils puissent formaliser leur propre pensée, celle-ci étant
activée et mise en mouvement par l'art qui se présente à
leurs yeux. Ce que font les artistes avec leurs œuvres n'est,

dès lors, pas tant d'affirmer une position politique que de troubler la satisfaction du spectateur ; soit que celui-ci sache déjà quoi penser, soit qu'il se contente de hausser les épaules avec impuissance. La liberté de déterminer sa propre position fait partie de ce que l'art politique se doit de mettre en scène, à la condition toutefois que ce qui paraît évident en soi perde cette particularité et devienne le sujet à interroger.

Ceci est cohérent avec ce que la résistance est capable de faire, malgré le dilemme logique qui lui est propre. La résistance est un moyen de dénaturaliser ce qui paraît naturel : de repousser l'apparente évidence ; de refuser d'assumer jusqu'aux lieux communs les plus courants. Le concept de ce que serait le visuel est le premier de ces lieux communs. On le distingue traditionnellement du domaine linguistique, auquel il est parfois opposé. Permettez-moi de m'y arrêter. Quoique le récit et les mots soient fréquemment impliqués, et inclus, dans les arts visuels, notamment dans les films et œuvres vidéos, l'animation ou d'autres formes, les caractéristiques des arts visuels les plus couramment considérées comme pertinentes et importantes – quoiqu'en et par elles-mêmes non-résistantes (parce que simplement « formalistes ») et, par conséquent, non-politiques – sont la couleur, la lumière, la ligne et la composition. À quoi je propose d'ajouter le temps et le mouvement. À la différence du journalisme ou d'autres formes explicites de critique, ces caractéristiques sont conjointement mobilisées pour créer une chose que nous désignons par le terme vague et superficiel de « beauté ». Comment peuvent-elles être utilisées pour résister à ce qui paraît tellement normal, au travers de l'ajout d'un « encore », avec l'aide du rappel au passé qui caractérise la culture ? Je reviens à Nalini Malani en tant que modèle d'artiste résistante en ce que, dans sa pratique, elle parvient à concilier les deux postures que Theodor W. Adorno place en opposition binaire, tout en déployant, entre autres outils, les caractéristiques des lieux communs des arts visuels, de sorte que ceux qui ne se soucient pas d'une résistance en art ne puissent plus y échapper. Elle s'intéresse à l'actualité politique, par exemple le viol collectif d'une jeune fille de huit ans en Inde, à des formes de violence religieuse ou autre, à l'inégalité économique ou aux dictatures qui empêchent toute amélioration ; son art, cependant, ne porte jamais simplement « sur » ces questions brûlantes. Elle recourt aux outils courants des arts visuels pour les retourner contre l'évidence de leur signification. Au final, les spectateurs sont incités à réfléchir.

J'ai eu récemment la possibilité de voir la suite de 89 œuvres sur papier que Nalini Malani a réalisées durant l'année du confinement lié au coronavirus, série dont j'ai choisi de mettre ici une œuvre en avant (*Babble of Voices*, 2020). Elle désigne ces œuvres par le terme de « dessins ». Ayant en mémoire la citation la plus fréquemment évoquée à son sujet, « je peins donc je suis », avec son allusion ironique à la définition cartésienne si généralement mal comprise de la subjectivité, et sa résistance à cette incompréhension, je tends à buter quelque peu sur ce terme de « dessin ». Quoi qu'il en soit, la série dans son ensemble est doté d'un titre qui situe l'œuvre au beau milieu tout à la fois de l'intimité de soi et de la personne politique de l'artiste : *Exile – Dreams – Longing* (2020-2021, soit « Exil, Rêves, Désir »). Ayant connu l'exil dès l'âge d'un an, en raison de la Partition (1947), Nalini Malani a été sensible à ce problème tout au long de sa vie. Le confinement dû au coronavirus, qui l'a empêchée de revenir en Inde, est sa dernière expérience de l'exil. Ainsi que le titre le laisse entendre, l'affect constitue un aspect majeur, cependant que l'exil relie l'expérience personnelle, et les souvenirs qui s'y rattachent, à la tragique situation mondiale des réfugiés. Ces œuvres créent de la résistance à tous les niveaux possibles, en déployant les caractéristiques communes des arts visuels que nous venons de mentionner, quoique jamais de manière isolée. S'opposant à la conception essentialiste du visuel, la plupart d'entre elles comportent des textes, principalement composés de vers poétiques, écrits à la main sur une feuille et prenant des formes visuellement attirantes, comme des cercles et des guirlandes. Le procédé empêche une lecture rapide des phrases, mettant ainsi en avant le besoin de temps. L'œuvre que j'ai choisie comme exemple condense tous ces aspects. La première chose que nous remarquons constitue déjà une résistance double ; une résistance toutefois qui n'est pas floue.

En haut, nous apercevons l'alphabet occidental traditionnel bien connu, en lettres d'imprimerie relativement larges. Il occupe presque la moitié de la feuille. Les trois

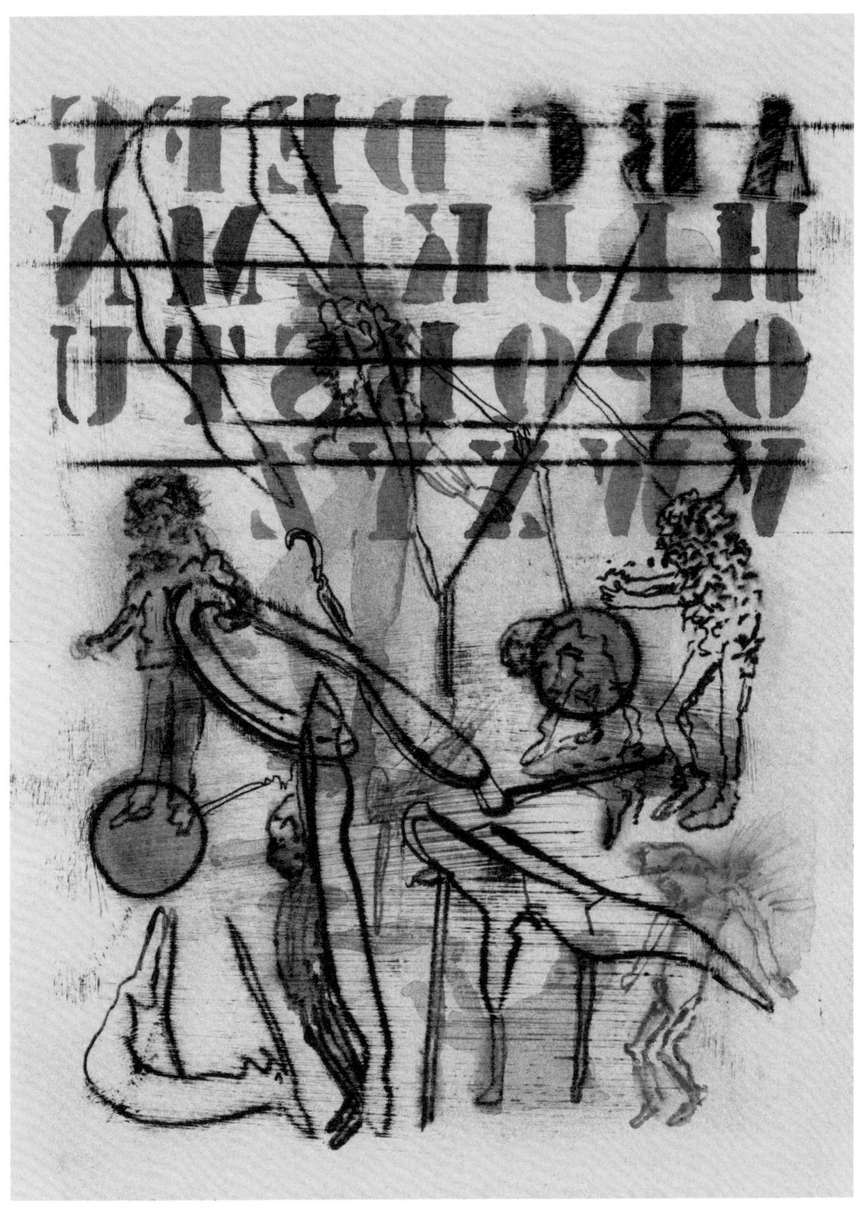

Nalini Malani
Babble of Voices, série « Exile – Dreams – Longing », dessin n°28, 2020
Installation de 89 dessins, techniques mixtes sur papier Arches, 31 × 23 cm
Burger Collection, Hong Kong

premières lettres – A B C – sont en noir, les autres dans la couleur dominante de la série, un rouge brique rosâtre dénué d'éclat, appelé « terracotta ». Terre brûlée, sol travaillé : le nom de la couleur oriente déjà vers une attitude interactive grâce à laquelle l'artiste « travaille », par contact, la terre. La couleur est une indication de la portée illimitée de son action ; de son attitude Je-Tu, avec le « tu » inclus dans un pluriel englobant et non limité aux êtres humains. Mais lorsque je dis « les trois premières lettres », je suis déjà repoussé hors de l'alphabet ordinaire, en ceci que celui-ci est aligné du côté droit, renversant ce que « nous », public occidental, considérons comme normal : commencer à gauche. Et pour souligner ce point, une ligne noire biffe les lettres comme pour les annuler ou les placer sous le signe de l'« effacement derridien » : double résistance à l'ordre dominant. D'autres lignes, obliques, en désordre, voire un fragment de dessin, perturbent la netteté des quatre rangées de lettres[16].

Ce qui n'en reste pas moins vrai, c'est que, même si ces œuvres entrent en résonance avec la peinture, leur art premier est, de fait, celui du dessin au trait, mode visuel parmi les plus traditionnels qui soient ; et, dans nombre d'entre elles, certaines lignes sont formées de mots. Mais tout comme l'alphabet est repoussé hors de la normalité par l'inversion et les hachures, résistant de la sorte au biais que constitue la supériorité usurpée de l'alphabet occidental, les dessins au trait refusent de se prêter à la clarté, à une lisibilité directe. Leur taille, aussi bien que leurs modes d'apparition, varient. Et la dimension est un facteur qui intervient dans la relation entre le singulier, l'individuel et la terre, ainsi que Michael Richardson l'a puissamment démontré[17]. Hormis l'orientation qui se déploie de la droite vers la gauche – renvoyant à un déplacement de l'est vers l'ouest, semblable au renversement du regard colonial traditionnel par l'alphabet –, il nous est impossible de déceler quoi que ce soit qui ressemble ici à une « composition ». Nous ne pouvons toutefois pas utiliser le terme d'« abstrait », ce qui reviendrait à tomber dans un autre piège encore, celui de cette structure mentale extrêmement dévastatrice : l'opposition binaire. Les silhouettes ne forment nulle composition globale, nulle histoire cohérente, demeurant au contraire *figurales*.

Ce qualificatif nécessite d'être rapidement replacé dans son contexte. Forgé en 1971 par le philosophe français Jean-François Lyotard, le concept du figural correspond à la volonté de surmonter la binarité entre mots et images. Il s'applique de façon extrêmement pertinente à l'œuvre d'une artiste qui est, à la fois, politiquement engagée et très attirée par la poésie ou d'autres formes de littérature ; une artiste capable de remettre à sa place Theodor W. Adorno. Jean-François Lyotard plaide pour une attitude plus ouverte du langage à l'égard du visuel, en orientant ses efforts vers un dynamisme plus grand, en le transformant en une force, un mouvement plus proche de l'inconscient freudien tel que le présente l'*Interprétation des rêves* (1899) que d'une conception structuraliste à la Ferdinand de Saussure. Ce qui, déjà, introduit du visuel dans le langage, en ceci qu'une grande part de la théorie du rêve formulée par Sigmund Freud relève fortement du visuel. Présent dans le titre choisi par Nalini Malani, le mot « rêves » assume cette filiation. Par l'inclusion, notamment, de la *force* dans son concept du langage, Jean-François Lyotard définit la signification en tant que sens – pensez simplement à la phrase « cela fait sens », indiquant que c'est pertinent, qui se différencie d'un point de vue sémantique de « cela signifie que ». Jean-François Lyotard théorise le figural en des termes qui incluent l'affect, la sensation et l'intuition, ainsi que la spatialité. Pour le philosophe, la force, inhérente au langage, n'est :

> rien d'autre que l'énergie qui plie et froisse un texte, et en fait une œuvre esthétique, une différence, c'est-à-dire une forme […]. Et s'il y a expression, c'est parce que le mouvement y est présent à l'intérieur, en tant que force bouleversant le tableau des significations au travers d'un séisme qui fait sens […][18].

Prêtez attention au mot « force », élément-clé de cette réflexion. La force est ce qui rend le texte ou l'image dynamique, actif. Cependant, les verbes « plie » et « froisse », dont l'« énergie » est la source et le « séisme » la conséquence, avec le mouvement qui y est inhérent, constituent également le fondement de l'esthétique de Nalini Malani.

Je reviendrai sur le dynamisme lié à la force dans son œuvre, ainsi que sur l'inéluctabilité du mouvement, jusque dans des images « officiellement » statiques. Les 89 dessins d'*Exile – Dreams – Longing* appartiennent à cette catégorie d'images dites fixes, réalisées sur de simples feuilles de papier. Cependant, il est impossible de regarder, et encore moins de lire, ces images sans bouger, soit physiquement soit avec nos yeux. Dans sa quintessence, l'œuvre de Nalini Malani est *figurale* selon la conception lyotardienne.

L'aspect le plus important de cette dimension figurale est qu'aucune opposition binaire traditionnelle ne peut être relevée dans l'art de Nalini Malani. Opposition entre mots et images, fixe et mouvant, figuratif et abstraction, voire entre couleur et noir et blanc : tous ces aspects s'entremêlent. Chacune de nos tentatives est immédiatement perturbée. Ce qui rend la résistance mise en œuvre, et non pas décrite, par l'artiste différente des formes de perte de pouvoir sur lesquelles réfléchit Wendy Brown. Cruciale, la distinction réside dans l'auto-implication. Celle-ci repousse les forces oppressives et écarte la négativité du « ressentiment », lequel tend à se focaliser sur autrui (avec un discours à la « troisième personne »). En lien avec Friedrich Nietzsche, nous avons besoin de comprendre sur un plan tout à la fois intellectuel, sensoriel et affectif que le ressentiment est une attitude par laquelle « un être humain n'arrive à valoriser son sens de soi qu'en niant celui des autres et en déclarant le sien "supérieur"[19] ». Attitude qui va à l'encontre de la nature même de l'art de Nalini Malani, dans le moindre de ses aspects. La colère, le chagrin, le regret, oui ; mais pas le ressentiment.

Certains des dessins au trait appartenant à cette œuvre peuvent être vus comme des représentations d'êtres humains, bien que ce ne soit pas, là non plus, évident. Ainsi, la figure située en bas à gauche de l'image ressemble-t-elle plutôt à un animal, quoi qu'en tant que tel, il soit impossible de déterminer à quelle espèce il appartiendrait. Sur sa droite, nous discernons une figure qui n'est ni debout ni couchée, apparemment attachée à une planche ou un matelas, cependant qu'à sa droite un fragment, évoquant une créature appuyée sur des béquilles, renvoie aux nombreuses personnes estropiées par des bombes larguées

sur les routes, tout en s'abstenant de *représenter* ces victimes.
Ces trois ensembles de lignes de type figural – le terme de
« figure » pourrait à tort les rendre plus cohérentes qu'elles
ne sont visiblement destinées à l'être – emplissent, quasiment, toute la rangée en bas de l'image. Et à l'extrême-droite,
se tient encore une autre figure, également esquissée au
trait. En réaction à la quête de faire sens induite par les lignes
noires, cet humanoïde minuscule est dessiné en couleur,
rose et orange. Comme touché à l'instant même par une
arme à feu ou une bombe, il est en train de s'effondrer.
Une nouvelle victime, dont les couleurs évoquent à présent
le sang qui envahit inévitablement le corps humain pris
pour cible et/ou le feu si souvent utilisé comme arme. Ces
brèves descriptions montrent que Nalini Malani pratique
le « changement de forme », mutation constante qui inclut
des changements d'échelle. Cela se produit à la fois dans ses
images (dites) fixes et dans ses œuvres d'animation, prouvant
par-là que les unes et les autres sont en mouvement. Selon
les termes d'Iwona Blazwick, directrice de la Whitechapel
Gallery où *Can You Hear Me ?* fut exposé en 2020, sous
la forme de neuf projections sur les murs de briques nues
de l'ancienne salle de lecture centrale de la Whitechapel
Public Library, ses personnages :

> pourraient muter en animaux ou en bactéries, organes
> internes ou langue des signes. C'est comme si le
> réel et l'imaginé, l'animal, le végétal et le minéral
> formaient tous ensemble un unique organisme
> palpitant, métaphore puissante, en effet, de l'ère
> de l'Anthropocène[20].

De même qu'elle dé-normalise l'alphabet, refusant la norma-
tivité induite par sa normalité, Nalini Malani intervient
de manière à ce que les traits agissent autrement qu'en
« représentant ». S'il s'avérait que nous soyons happés par
ces traits, dans une tentative quelque peu désespérée
de parvenir à une image claire de ce qu'affirme l'œuvre d'art
dans sa rébellion contre la violence, l'effort serait perturbé
par deux autres éléments formels. D'une part, il y a les deux
petits cercles, visiblement réalisés par des moyens méca-
niques et, à cet égard, comparables aux lettres de l'alphabet
biffées, ainsi qu'à la ligne droite parfaite qui matérialise

l'effacement, semblable à une mesure administrative. Les cercles sont entièrement colorés en terracotta léger, sapant ainsi toute illusion de profondeur liée à la perspective que nous pourrions entretenir, mais aussi le regard admiratif que nous pourrions porter à l'exécution manuelle de l'œuvre, en tant qu'indice de la « main » authentique, caractéristique de l'artiste. Oui, ils sont réalisés à la main, mais dans une relation Je-Tu avec la terre. Le cercle à gauche circonscrit les pieds d'une figure debout, l'un de ces pieds semblant littéralement s'écrouler, peut-être heurté par cet engin aussi fin qu'un bâton qui, partant de ce pied, s'étend vers la droite. L'autre cercle, situé plus haut et plus à droite, attire notre attention sur les épaules, également déformées, d'une figure en état d'impuissance, peut-être frappée ou bien secourue par un personnage en grande partie recouvert de boucles. Un « homme sauvage » poilu[21] ?

D'autre part, ainsi qu'elle le fait fréquemment, l'artiste recourt à une technique qui échappe, ou résiste, à la dialectique entre ligne et plan, entre dessin et peinture. Ce que le terme de « tache » rend sans doute le mieux. La figure la plus grande et la plus centrale résulte de cette pratique de la tache, à l'exception de la tête dessinée à l'encre noire. Cette figure se compose d'une unique « tache » de couleur fine et diluée, formant un large trait réalisé avec un pinceau n°24 en poils de martre. Et la légère coloration de la tache qui façonne cette figure allongée, à la posture élégante, en fait disparaître la centralité. La voir requiert du temps. Le temps requis, mobilisé par la complexité et l'« absence de composition », la compétition entre le trait et la couleur, la superposition des éléments qui perturbent l'aplat de la surface : tout ceci converge vers la prise de conscience que l'idée qui a longtemps persisté, à la suite de [Gotthold Ephraim] Lessing, selon laquelle les images visuelles peuvent être perçues d'un seul regard, alors que la linguistique propre aux autres formes d'art fondées sur le temps nécessitent une douloureuse traversée de l'œuvre, ne tient pas.

Loin de moi la volonté de tenter une « lecture » complète de cette image. Fourmillant de résistances, elle résiste aussi à sa lisibilité : résistance qui ancre l'image dans le temps, suspendant la binarité entre images fixes et mouvantes, aussi bien que le supposé voir-en-un-seul-coup

d'œil d'un regard superficiel ; d'un regard qui ne voit pas.
En ceci qu'au contraire, elle repousse tout ce qui pourrait
conduire à une telle entreprise de compréhension, de
« maîtrise » des images. Ce qui est induit ici, c'est « stop ! ».
Les brèves remarques sur le déploiement de la résistance
dans cette œuvre portent tout à la fois sur la violence socio-
politique dans le monde et la clarté de ce que les arts visuels
forgent en surface, en tant qu'art. Nalini Malani relie avec
virtuosité ces deux domaines[22].

L'artiste perturbe toutes nos attentes, fondées sur les caractéristiques communes de l'image fixe, plate. Ce qui va bien
au-delà d'une remise en question du trait, de la lumière,
de la couleur, de la composition ou du besoin de temps.
J'ai cité ailleurs cette déclaration de Nalini Malani, au cours
d'un entretien avec Johan Pijnappel :

> Le langage qui explore d'autres matériaux se prolonge
> par la peinture. Je travaille à dé-former les couleurs
> en vidéo – les saisissant informatiquement comme je
> le ferais avec l'aquarelle. Ou comme dans mon travail
> avec la peinture inversée – « projetant » les couleurs,
> les incrustant sur les supports. […] Plusieurs de
> mes œuvres présentent également une superposition
> d'animations réalisées à la main. La frontière entre
> lumière ajoutée ou soustraite se brouille[23].

Adepte de l'animation depuis longtemps, Nalini Malani l'a
récemment mise en œuvre de façon extrêmement active –
encore. Cependant, même en mettant entre parenthèses
cette technique concrète, matérielle, son œuvre tout entier
est animé, mouvant et, par conséquent, animant. Des mots
tels que « dé-former », « saisir », « projeter » ou « incruster »
évoquent ses interventions à l'intérieur de ce qui est traditionnellement considéré comme la caractéristique première
de la peinture : la surface plate et immobile. Toutefois, si
ces pratiques concernent son action à la surface, la dernière
phrase de cette citation équivaut à un « stop » : cesser de
s'efforcer de dés-obscurcir, de dés-emmêler ce qui ne peut
se réduire à la pensée binaire, ce qui ne peut se percevoir
que comme brouillard, taches, mélange, selon la logique du
« ensemble-et » plutôt que de l'habituel « soit-soit ».

S'il existe quelque indice d'une signification cohérente sur cette feuille, c'est l'impossibilité dans laquelle nous sommes de la repérer. Dans sa relation au monde, l'image est en effet bien trop déconcertante, bien trop perturbante pour que nous y parvenions. C'est un bel exemple de résistance contre la résistance elle-même : contre l'idée que nous sommes capables de résister avec succès à quoi que ce soit en particulier. Ce qui me reconduit à la tension, déjà évoquée grâce à Wendy Brown, qui existe entre la négativité et ce que Nalini Malani, dans le passage cité ci-dessus, indique comme étant « ajouté ». Dès lors, comment est-il possible que l'art soit politiquement efficace et, partant, puisse faciliter une résistance plus précise et plus efficace qu'un militantisme centré sur un problème unique ? Dans le catalogue édité par la Whitechapel, Iwona Blazwick clôt son introduction par ces mots : « un éblouissant mélange d'esthétique et de militantisme ». Une esthétique qui s'ancre dans l'animation conçue comme activation et dans le sens des nuances, ou contre les scrupules de Theodor W. Adorno. Selon la théorie esthétique d'Alexander Gottlieb Baumgarten, elle crée du lien, au travers des sens, dans l'espace public[24].

Politicalité

Dans l'introduction de mon livre publié en 2010 sur le travail de l'artiste colombienne Doris Salcedo (*1958), je développe l'idée d'un art politique en m'appuyant essentiellement sur un ouvrage succinct et célèbre de Chantal Mouffe. J'ai poursuivi depuis cette réflexion par le biais de plusieurs analyses de formes d'art très différentes. En résumé, la philosophe politique définit les deux termes de la façon suivante :

> [...] « le politique » me sert à désigner la dimension d'antagonisme que je tiens pour constitutive des sociétés humaines, tandis que « la politique » correspond pour moi à l'ensemble des pratiques et des institutions à travers lesquelles un ordre est créé, organisant la coexistence humaine dans le contexte de la conflictualité qui est celui du politique[25].

Dans le cadre de cette distinction, la politique correspond à l'organisation qui règle le conflit ; le politique est le lieu où se produit le conflit. Le paradoxe, cependant, semble tenir à ceci : c'est en vertu du politique que la vie sociale est possible. Celle-ci peut prospérer, être vivante et également dangereuse. Il n'est donc pas surprenant que nous cherchions généralement à éviter le conflit au moyen du consensus. La politique intervient pour prévenir tout danger potentiel. Elle y répond en tentant sans cesse d'étouffer le politique, ce qui empêche un présent socio-culturel vivant. Une telle vue positive du conflit pourrait paraître étrange, compte tenu du fait que la plupart d'entre nous aiment détester la politique, perçue comme autoritaire et menaçante ; comme étant à la racine du conflit. Nous tendons à attribuer la négativité du conflit à la politique, plutôt qu'à son équivalent, en cherchant à nous rassurer auprès des dirigeants politiques sur la possibilité d'éradiquer le conflit. Pourtant, comme l'avance Chantal Mouffe, la culture du consensus qui résulte de la politique n'élimine en rien le consensus ; elle le censure, le laissant ainsi secrètement livré à lui-même et formant potentiellement une situation volcanique. L'absence de composition cohérente dans le dessin n°28 de Nalini Malani revêt ainsi une signification importante, comprise en tant que « sens » selon Jean-François Lyotard. En réalité extrêmement exclusiviste, la politique vit de la « négation de l'irréductibilité de l'antagonisme[26] ». Négation : s'il est une chose négative, c'est bien la politique. Laquelle est aussi en contradiction flagrante avec la réalité sociale telle qu'elle est vécue et dans laquelle le conflit est généralement présent.

Jacques Rancière établit une distinction similaire mais en des termes différents. La « politique » évoquée par Chantal Mouffe devient chez lui la « police », et ce que Chantal Mouffe désigne comme « le politique » correspond à la « politique » dans l'œuvre du philosophe. Les deux penseurs argumentent en faveur d'une nature conflictuelle de la vie sociale et du besoin (de l'autorisation) d'être en désaccord. Jacques Rancière recourt au terme de « mésentente » pour désigner cet élément conflictuel de la réalité sociale. Terme qui signifie à la fois l'incompréhension et le fait de ne pas s'entendre, les deux aspects étant tout aussi cruciaux l'un que l'autre. Si j'emploie la terminologie de Chantal Mouffe, je garde en revanche à l'esprit la résonance double que possède la « mésentente » chez Jacques Rancière[27].

Chantal Mouffe poursuit sa présentation des domaines antagonistes de la politique et du politique en faisant référence à un espace de conflit réel dans les sociétés contemporaines :

> [...] la tendance dominante de la pensée libérale se caractérise par une approche rationaliste et individualiste qui empêche de reconnaître les identités collectives. Cette forme de libéralisme est incapable de cerner correctement le pluralisme du monde social, avec les conflits qu'entraîne ce pluralisme – conflits pour lesquels il ne saurait exister de solution rationnelle[28].

Paradoxalement donc, l'individualisme qui prend la multiplicité pour point de départ s'avère incapable de gérer la nature véritablement plurielle du monde social. L'hypostase associée à la liberté individuelle implique une limitation extrême de la multiplicité. La répression des identités de groupe, au nom de l'individu, favorise un glissement de l'individualisme vers le consensus, voire pire vers la dictature. Nous avons déjà assisté au phénomène, et nous en voyons les conséquences : l'augmentation paradoxale mais réelle du nombre de dictateurs démocratiquement élus, le premier de cette série en constant accroissement étant un certain Adolf Hitler.

Entre, d'un côté, la particularité, avec l'individualisme, le voyeurisme et la non-pertinence anecdotique qui la sous-tendent, et, de l'autre côté, la généralité avec son effacement de la spécificité de l'autre, je propose le terme de « singularité » pour réfléchir à la capacité particulière qu'a l'art d'interférer avec le politique. Ce terme est, selon moi, particulièrement apte à rendre compte de manière responsable des éléments propres à la multiplicité, sans effacer ou hypostasier de manière hyperbolique et défensive l'identité de groupe. Selon moi, la singularité se comprend en opposition avec la généralité, afin de reconnaître et de se concentrer sur les différences strictement irréductibles entre les personnes et ce qui leur arrive. Dans le même temps, cette spécificité ne peut se réduire à une information anecdotique. Le singulier constitue, au contraire, ce qui maintient la différence sans la transformer en une motivation identitaire collective (généralisable). La singularité permet une vie active du politique là où la particularité serait réduite au silence et la généralité s'avèrerait inadaptée. Il est essentiel de reconnaître et de voir (dans un sens fort, chronophage) la singularité de l'art, dont elle est la caractéristique principale. Dans l'œuvre de Nalini Malani, chaque ligne, chaque zone de couleur, chaque trace ou tache est singulière ; telle est précisément ce qui explique comment et pourquoi cette œuvre ne peut être absorbée ni dans la négativité de la résistance, ni dans la particularité anecdotique[29].

Travailler avec les conflits est nécessaire afin de ne pas les éliminer au prix de la pluralité mais, au contraire, de rendre les différences dicibles et négociables, en transformant les ennemis – qu'il faudrait éradiquer, tuer – en adversaires avec lesquels il nous est possible d'être en désaccord ou de mal comprendre (la mésentente évoquée par Jacques Rancière), mais avec lesquels nous pouvons continuer à parler et discuter de nos différences. Le concept d'ennemi instaure des distinctions tranchantes entre nous et eux, le « eux » se trouvant projeté dans le rôle d'ennemis qu'il faut combattre avec férocité, de sorte qu'il ne soit nul besoin de parvenir à un accord sur le conflit. La notion d'adversaire, au contraire, accepte ces distinctions entre groupes, tout en continuant à reconnaître la légitimité du « eux » – l'adversaire, capable de s'engager dans un débat. Celui-ci, par conséquent, ne correspond pas à « eux » mais au « tu » – cet autre auquel il faut faire face, avec lequel la discussion et le désaccord sont possibles, et à l'égard duquel l'espoir que la mésentente soit un jour résolue n'est jamais complètement abandonné. Telle est la « politicalité » de l'art activant, essentiel dans cette approche Je-Tu propre à Nalini Malani.

Activer, animer

De fait, Nalini Malani est une artiste Je-Tu, toujours encline à s'adresser aux personnes plutôt qu'à s'exprimer « sur » elles. Lorsqu'elle dénonce la cruauté et la violence, c'est pour enrôler les spectateurs dans sa résistance, dans le but de riposter ensemble. Ce qui présente une dimension temporelle. Plus haut, j'ai ajouté le temps et le mouvement à la liste des outils des arts visuels. Il ne s'agit pas ici de média ; il ne s'agit pas simplement d'inclure du film ou de la vidéo, mais de mettre en avant le fait, important à mes yeux, que les arts visuels requièrent du temps afin d'« œuvrer » de façon active à l'intérieur du politique conçu dans un esprit dialogique. La pratique de la stratification, qui implique une multiplicité, fait également partie de cette temporalité, en ce que regarder les couches l'une après l'autre requiert du temps. Dans la feuille n°28 de Nalini Malani, j'ai relevé plusieurs exemples de stratification. Ce que l'artiste évoque également lorsqu'elle décrit son propre travail au cours de l'entretien avec Johan Pijnappel : « une superposition ». Elle se réfère ici à l'animation réalisée à la main qui, dès ses débuts, constitue une part active de son travail. En 1969 déjà, dans le film d'animation *Dream Houses*, réalisé image par image en 8mm, l'artiste témoigne de ses recherches engagées pour mettre en œuvre des *moyens* extrêmement originaux dans le but de présenter des problèmes politiques – dans ce constant mode d'échange lucide du Je-Tu qui précède jusqu'à sa théorisation par Émile Benveniste – et non de les re-présenter, avec la fatigue qu'implique le « re », lequel signifie « encore ». Le logement, dans les villes densément peuplées d'Inde, avec leurs divisions de classe, constitue l'un de ces problèmes politiques cruciaux. Et aujourd'hui, les 88 films d'animation dessinés à la main sur iPad, réalisés en 2018-2020, pour lesquels elle utilise ses doigts à l'instar de crayons ou de pinceaux, rendent non seulement compte de sa manière de travailler, créative, expérimentale, mais aussi de sa volonté de lier à cette contemporanéité des moyens sa présence personnelle, physique, dans l'œuvre, et un contenu propre aux questions politiques contemporaines, lequel inclut le « vous » pluriel exprimé par les œuvres.

    Ce qui me paraît particulièrement performant du point de vue de l'activation, donc d'une forme efficace de résistance, aussi bien dans ses 89 dessins que dans ses 88 films d'animation, est l'intégration des mots dans le dessin au trait. Intégration : plus que le contraire systémique propre à l'opposition, celle-ci produit le brouillage évoqué par l'artiste dans l'entretien cité plus haut. L'expression que crée Nalini Malani en rapport avec cette intégration, caractéristique des multiples liens qu'elle établit, est « bulles de pensée ». Inspiré par les « bulles » des bandes dessinées, ce passage de la parole à la pensée peut également être vu comme un passage de l'activisme à l'activation. Il s'agit ici de traduction en tant qu'expansion, flashs émotionnels ou ce que le titre de l'un de ses films d'animation désigne comme des « fantômes dans la tête » (« Phantoms in the Head », voir p. 43). La pensée, sous sa forme Je-Tu, renvoie aux idées que ceux qui pensent sont incités à formuler dans leur rapport à l'art visuel. Ceci constitue un exemple de ce qu'Emily Butler, avec une grande pertinence, évoque dans le catalogue de l'exposition de la Whitechapel en tant que traduction, traduction étant pris dans ses multiples sens[30]. Les films d'animation de Nalini Malani, si l'on reprend la désignation officielle qui convient si bien à cette œuvre activante et animante, sont à la fois extrêmement personnels – des pensées instantanées surgissant dans son esprit au moment même où elle regarde le monde autour d'elle et des réponses aux pensées d'autrui, dans une reconnaissance de l'importance de ce qu'autrui exprime – et une transmission de ses paroles au public d'aujourd'hui. À la suite de George Orwell qui déclarait : « soit nous vivons tous dans un monde décent soit personne n'y vit », Nalini Malani attire notre attention sur ces paroles sages, troublantes et, par le rythme de ses films d'animation et la manière dont le mur de briques sur lequel ces derniers sont projetés forme le contexte de la citation de l'écrivain, sur les horribles histoires et les nombreuses situations qui provoquent un « oh, non ! » et désignent lequel des deux côtés de l'opposition de George Orwell domine. Tels sont les « fantômes dans la tête » que l'artiste ne peut ignorer.

Avec ou sans point d'interrogation, compris comme plaidoyer en faveur de l'attention et comme injonction à écouter, le titre inspiré par Cassandre, *Can You Hear Me ?*, regroupe un ensemble de courts-métrages d'animation projetés dans le cadre de différentes installations. Tous ont en commun cette profonde interactivité Je-Tu. À Lausanne, mais également lors de précédentes installations, les murs sont peints en noir. Les figures fugitives donnent donc l'impression d'exister en toute autonomie. Ce qui leur confère une dimension quasi-sculpturale, à l'intérieur d'un espace qui absorbe et anime le visiteur, lequel passe de la position de simple spectateur à celle de participant, puis de co-créateur. L'espace artistique se trouve dès lors transformée en « habitat critique[31] ». La vitesse et la superposition constituent l'un des aspects de cette activation. Provenant de neuf canaux situés dans différents angles, les images se recouvrent, produisant chaque fois des visions très différentes. La superposition exprime et véhicule avec force l'ubiquité de l'horreur. Ce que renforcent des citations historiques, en interaction avec non seulement de multiples écrivains mais aussi des références visuelles. Çà et là surgissent des citations, aussi saisissantes que pertinentes, des *Désastres de la guerre* (1810-1815) de Francisco de Goya, souvenirs atroces des guerres napoléoniennes. Francisco de Goya, non seulement, y dénonce la violence de la guerre, mais encore prête une attention particulière à la violence faite aux femmes – trait particulièrement remarquable au début du XIXe siècle. Dans une analyse détaillée de trois courts-métrages réalisés par Nalini Malani, Ernst van Alphen associe la rapidité du rythme des thèmes abordés à des formes de cauchemars, des images semi-conscientes que l'on s'efforce d'oublier. Ce qui rappelle la filiation établie par Jean-François Lyotard entre le figural et le freudien. Ernst Van Alphen détaille ensuite l'atmosphère profondément misérable de ces films, qu'il qualifie de « drôle, triste, énergique, hysté-rique et précise, semblable à des scènes de genre et, dans le même temps, absurde, comique et satirique[32] ». « Sombres », ces films d'animation véhiculent une force affective puissante mais multiple. Dans le souvenir visuel – le mauvais rêve – qu'éprouve le visiteur, les scènes de torture de Goya sont des rappels pertinents et déses-pérants du viol, de la torture et du meurtre d'Asifa Bano, fillette du Cachemire, victime de nettoyage ethnique[33].

L'horrible façon dont la vie d'Asifa a été brisée net (elle avait huit ans) se transforme en appel lancé par le titre : « Can You Hear Me ? ». Aussi longtemps que la réponse est absente ou négative, nous savons que c'est la seconde option de George Orwell, le « personne n'y vit » qui tient le monde sous son emprise. Les œuvres sont très courtes, et leur rythme ainsi que la pratique du chevauchement induisent une attention particulièrement intense, tout en rendant également leur assimilation impossible. La résistance au besoin de s'attarder sur de semblables histoires d'horreur, combiné à l'impossibilité de les ignorer, résulte du travail de Nalini Malani qui consiste à « sculpter l'espace », tout autant que du brouillage, de la rapidité et de la superposition. Par « sculpter l'espace », j'introduis un concept forgé, dans la pratique et dans ses écrits, par l'artiste polonaise Katarzyna Kobro (1898-1951) et analysé par Ernst Van Alphen[34]. À cet égard, les films d'animation de Nalini Malani présentent des orientations communes avec ses théâtres d'ombres en vidéo, où les cylindres tournent à la fois lentement mais trop rapidement pour pouvoir « lire » les images complexes réalisées en peinture inversée, qu'entrecoupent chaque fois des projections vidéo, si bien que les visiteurs, eux-mêmes « sculptés » dans l'espace, sont invités à rester pour assister à une autre série.

Le désir fort de voir, provoqué par la qualité esthétique des images, tout autant que la difficulté de voir, constituent, pris ensemble, la force activante de cette œuvre. Pour l'artiste, le mouvement est un élément crucial, mais la combinaison de ses propres flashs émotionnels, de son histoire et de celle des autres, exclut toute tentative de synchroniser leur chorégraphie. Ce qui se produit en lieu et place, c'est un chaos affectif efficace, conçu comme un environnement actif dans lequel les spectateurs n'ont d'autre choix que de rester cloués au sol, cependant que leur cœur se met à battre plus vite. Qu'il soit atrocement lent ou hyper rapide, le temps est l'outil premier qui active l'acte de regarder en tant que stratégie de résistance. Quoique contrastant avec cet « étranglement insupportablement lent » évoqué par W. J. T. Mitchell, à propos de la vidéo en temps réel du meurtre de George Floyd, en tant qu'image-temps deleuzienne, le rythme rapide des films d'animation de Nalini Malani produit un effet comparable. Il rend le temps sensuellement fort, et l'expérience qui en découle, activante.

[1] Le 11 juin 2021, Darnella Frazier a reçu une mention spéciale du Comité du Prix Pulitzer. Cette distinction méritée dans le domaine du journalisme ne rend pas suffisamment compte de l'excellence de son intervention dans le domaine de la culture visuelle.

[2] W. J. T. Mitchell, « Present Tense 2020 : An Iconology of the Epoch », *Critical Inquiry*, vol. 47, n°2, 2021, p. 370-406, ici p. 378.

[3] *Ibid.*, p. 378-379.

[4] Dans *Loving Yusuf: Conceptual Travels from Present to Past* (University of Chicago Press, Chicago 2008), je développe le concept de « non-indifférence éthique » dans le cadre d'un contexte interculturel et inter-temporel.

[5] Wendy Brown, « Postmodern Exposures, Feminist Hesitations », in *States of Injury: Power and Freedom in Late Modernity*, Princeton University Press, Princeton 1995, p. 49.

[6] Jeroen Lutters, *The Trade of the Teacher: Visual Thinking with Mieke Bal*, Amsterdam, Valiz 2018. Voir l'article en ligne de Johan Frederik Hartle (2012) publié à l'époque où cette insulte était assez populaire/iste : https://onlineopen.org/rightist-hobbies-and-the-end-of-art [décembre 2021].

[7] Émile Benveniste, *Problèmes de linguistique générale*, Gallimard, Paris 1966 (vol.1) et 1974 (vol. 2).

[8] La notion de deixis est essentielle pour rendre compte du « temps du présent » dans notre interaction avec l'art. Elle a été développée dans le champ de la linguistique. Pour une explication limpide, voir Stephen C. Levinson, « Deixis », in *The Handbook of Pragmatics*, Laurence R. Horn & Gregory Ward (éds.), Blackwell, Oxford 2005, p. 97-121.

[9] Voir Nalini Malani avec Robert Storr, *Listening to the Shades*, Charta, Venice 2008.

[10] Concernant mon analyse de l'œuvre de Nalini Malani présentée en 2012 à la dOCUMENTA 13, voir le premier chapitre de mon ouvrage sur les théâtres d'ombres en vidéo de l'artiste : *In Medias Res: Inside Nalini Malani's Shadow Plays*, Hatje Cantz, Ostfildern 2016. Sur son appel toujours plus puissant au fait d'écouter et d'entendre, voir notamment ses propres propos dans le catalogue de l'exposition *Can You Hear Me?* présentée au Goethe Institute Max Mueller Bhavan de Bombay en 2019, ainsi que l'exposition intitulée *You Don't Hear Me*, organisée à l'occasion du Premio Miró reçu par l'artiste à Barcelone en 2020. Elle y montre des films d'animation réalisés sur iPad, dans une sorte de reviviscence de ses anciens projets animés image par image. Pour *Listening to the Shades*, voir Nalini Malani avec Robert Storr, *Listening to the Shades*, Charta, Venice 2008.

[11] Theodor W. Adorno a écrit un article particulièrement éclairant sur l'essai, non comme genre mais « comme forme », ainsi que l'indique le titre. Voir Theodor W. Adorno, « L'essai comme forme », in *Notes sur la littérature*, trad. Sibylle Muller, Flammarion, Paris 1984, p. 5-29.

[12] Le film peut être regardé sur mon site internet www.miekebal.org/artworks/films/its-about-time/ [décembre 2021]. Pour plus de détails sur ce projet et le texte de Theodor W. Adorno, voir Mieke Bal, « It's About Time ! Trying an Essay Film », in *Text Matters*, n°10, University of Lodz, Lodz 2020, p. 27-48.

[13] T. J. Demos, *The Migrant Image. The Art and Politics of Documentary During Global Crisis*, Duke University Press, Durham 2013.

[14] La position de Theodor W. Adorno à l'égard de l'art activiste (dans son analyse, la littérature) est particulièrement lisible et accessible dans son article intitulé « Engagement » (1992 [1974]). Voir Theodor W. Adorno, « Commitment », in *Notes to Literature*, Rolf Tiedemann (éd.), trad. Shierry Weber Nicholsen, vol. 2, Columbia University Press, New York 1992, p. 276-294.

[15] *Nalini Malani: Splitting the Other: Retrospective 1992–2009*, cat. exp., Musée cantonal des Beaux-Arts, Lausanne, Hatje Cantz, Ostfildern 2010, p. 49.

[16] Jacques Derrida développe ce concept dans *De la Grammatologie* (Éditions de Minuit, Paris 1967), en se fondant sur des concepts précédemment élaborés par Martin Heidegger. La sous rature signifie le rejet d'une chose qui doit cependant demeurer lisible, de sorte que nous soyons conscients de ce qui était faux. L'effacement est une constante dans l'œuvre de Nalini Malani. Dans nombre de ses expositions, elle exécute au fusain de vastes dessins muraux qu'elle efface le dernier jour. Le procédé fait allusion à l'état d'abandon des fresques en Inde ainsi qu'au passage du temps et aux ravages qui en résultent. Voir Nalini Malani, « Back to the Wall », in Nalini Malani, *Can You Hear Me?*, Emily Butler avec Inês Costa et Johan Pijnappel (éds.], Whitechapel Gallery, Londres 2020, p. 52.

[17] Michael Richardson, « Witnessing the Anthropocene : Affect and the Problem of Scale », *Paralax*, n°96, 2020, p. 339-359.

[18] Je reprends ici la présentation du concept de Jean-François Lyotard in D. N. Rodowick, *Reading the Figural, or, Philosophy After the New Media*, Duke University Press, Durham/Londres 2001, p. 9-10. Pour comprendre ce concept, voir le premier chapitre « Presenting the Figural », p. 1-44. Pour Jean-François Lyotard, voir *Discours, figure* [1971], Klincksieck, Paris 2002.

[19] Keith Ansell-Pierson, *An Introduction to Nietzsche as Political Thinker: The Perfect Nihilist*, Cambridge University Press, Cambridge 1994, p. 32.

[20] *Can You Hear Me ?*, op. cit., p. 46.

[21] Au travers de cette idée d'« homme sauvage », autre héritage du colonialisme, je renvoie à l'article aussi brillant qu'indispensable dans son altérité résistante de Hayden White, « The Forms of Wildness : Archaeology of an Idea », in *The Wild Man Within: An Image in Western Thought from the Renaissance to Romanticism*, Edward Dudley & Maximillian E. Novak (éds.), University of Pittsburgh Press, Pittsburgh 1972, p. 1-38.

[22] La volonté de Gotthold Ephraim Lessing d'articuler, dans son *Laocoön* de 1766, les différences entre le littéraire et les arts visuels a été largement acceptée. L'étude essentielle de W. J. T. Mitchell, *Iconology* (1985), en constitue l'une des premières critiques remarquables. L'ouvrage comporte également un chapitre intitulé « What Is an Image ? », qui propose une vision claire des multiples usages du mot « image » et de l'impossibilité qui en découle de fixer la notion, le tout présenté de façon limpide. Voir W. J. T. Mitchell, *Iconology: Image, Text, Ideology*, University of Chicago Press, Chicago 1985, p. 10.

[23] Johan Pijnappel, « Interview with Nalini Malani », in *iCon India Contemporary*, Venice Biennale, Venice 2005, p. 40. Publié à l'occasion du Pavillon indien à la 51e Biennale de Venise, ce catalogue est accessible sur le site Internet de l'artiste : www.nalinimalani.com/texts/venice.htm [décembre 2021], cité in Mieke Bal, *In Medias Res: Inside Nalini Malani's Shadow Plays*, Hatje Cantz, Ostfildern 2016, p. 226.

[24] Dès les débuts de l'esthétique comme discipline philosophique, une perspective kantienne mal comprise a prévalu sur la vision fondatrice d'Alexander G. Baumgarten. S'il fallait réduire en une seule phrase un traité de 900 pages écrit en latin : pour lui, l'esthétique repose sur l'expérience de trois aspects : 1) relier 2) à travers les sens 3) dans l'espace public. Cette conception participe de la valeur de l'exposition/exhibitionnisme comme image-pensée du contemporain, comme « temps du présent ». Alexander G. Baumgarten publie son *Aesthetica* en 1750 (vol. 1 en 1750, vol. 2 en 1758, Hildesheim, Olms). Pour autant que je sache,

il n'existe à ce jour aucune publication en anglais [ni en français] de ce traité majeur. Alexander G. Baumgarten (1750-1758) fait l'objet d'une présentation succincte par le philosophe Jonathan Bennett en 2012. J'ai recouru à l'édition allemande de 2007, tout en m'appuyant sur d'autres spécialistes. Voir Tomáš Hlobil, « Alexander Gottlieb Baumgarten : Ästhetik », in *Estetika*, vol. 46, n°1, 2009, p. 105-110, pour un aperçu instructif.

[25] Chantal Mouffe, *L'Illusion du consensus*, Albin Michel, Paris 2016, p. 18-19.

[26] *Ibid.*, p. 20.

[27] Jacques Rancière, *La Mésentente : politique et philosophie*, Galilée, Paris 2005. La terminologie de Jacques Rancière me semble prêter à confusion, voire légèrement manipulatrice, en ce que le terme de « police » possède un sens clair et établi, qu'une application plus large entraîne vers une sorte de soupçon paranoïaque envers ce que Louis Althusser nomme les « appareils idéologiques d'État » (1971). Analysant les concepts et distinctions établis par Jacques Rancière, Alain Badiou considère que ce dernier « a tendance à opposer des masses imaginaires à un État qui n'est pas nommé » (Alain Badiou, *Abrégé de métapolitique*, Le Seuil, Paris 1998). Pour Alain Badiou, le militant politique apparaît comme la figure subjective centrale de la politique, prouvant dès lors que la distinction ne tient pas à ses yeux. Pour une analyse détaillée, voir Mieke Bal, *Of*

What One Cannot Speak: Doris Salcedo's Political Art, University of Chicago Press, Chicago 2010, p. 1-15 et les exemples présentés dans cet ouvrage.

[28] Chantal Mouffe, *op. cit.*, p. 20.

[29] Le concept de singularité est surtout débattu en philosophie. La distinction que je propose entre particularité et singularité n'y joue pas un rôle majeur, et les deux sont fréquemment interchangeables. Voir, par exemple, Alain Badiou, *Petit manuel d'inesthétique*, Le Seuil, Paris 1998. Pour une discussion plus concrète, quoique manquant de clarté à propos du concept-clé lui-même, voir Derek Attridge, *The Singularity of Literature*, Routledge, Londres 2004. Pour un compte-rendu, voir Timothy Clark, « Singularity in Criticism », *Cambridge Quarterly*, vol. 33, 2004, p. 395-398.

[30] Nalini Malani, « Back to the Wall », in Nalini Malani, *Can You Hear Me ?*, Emily Butler avec Inês Costa & Johan Pijnappel (éds.), Whitechapel Gallery, Londres 2020, p. 62-63.

[31] Emily Apter, « The Aesthetics of Critical Habitats », *October*, vol. 99, hiver 2002, p, 21-44.

[32] Ernst Van Alphen, « Shame and Masculinity in Visual Culture », in Ernst van Alphen (éd.), *Shame! And Masculinity*, Amsterdam, Valiz 2020, p. 48.

[33] *Ibid.*, p. 49.

[34] Ernst Van Alphen, *Logics of Sculpture*, Amsterdam, Valiz, forthcoming.

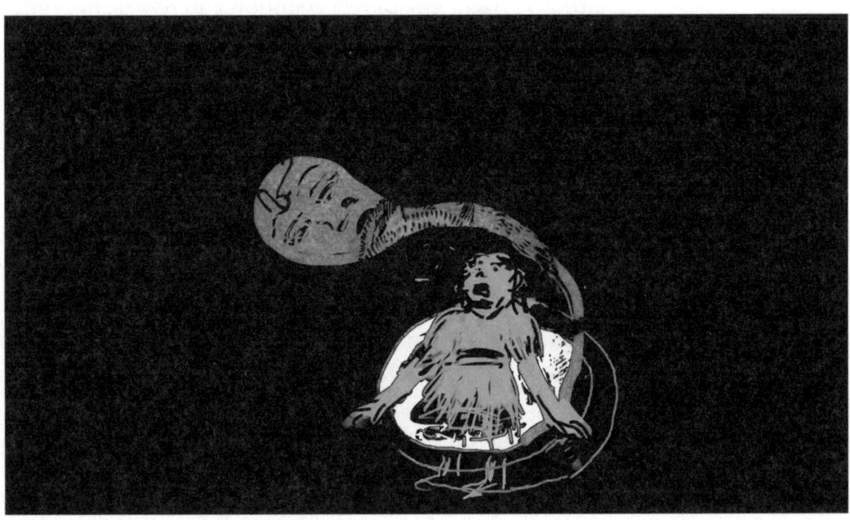

Nalini Malani
Phantoms in the Head, 20 août 2018
Animation vidéo dessinée à l'Pad, durée variable

Mutations de la résistance
Pascal Chabot

Pascal Chabot a étudié la philosophie à l'Université Paris-1 Panthéon-Sorbonne et à l'Université libre de Bruxelles où il enseigne aujourd'hui la philosophie à l'Institut des Hautes Études des Communications Sociales (IHECS). Il est l'auteur de nombreux ouvrages et articles sur la philosophie contemporaine, l'éthique, l'esthétique et la littérature. Il a notamment publié aux Presses universitaires de France les ouvrages *Global burn-out* (2013), *L'Âge des transitions* (2015), *Exister, résister. Ce qui dépend de nous* (2017), *L'Homme qui voulait acheter le langage* (2018), *Traité des libres qualités* (2019), et *Avoir le temps. Traité de chronosophie* (2021). Avec le cinéaste François Lagarde, il a réalisé un film sur le philosophe Gilbert Simondon (*Simondon du désert*, 2012), ainsi qu'un film sur le burn-out (*Burning out. Dans le ventre de l'hôpital*, 2016) avec le réalisateur Jérôme le Maire. Il a également été conseiller artistique de la chorégraphe Michèle Noiret, artiste associée au Théâtre national de Belgique.

Résister, un réflexe

C'est une constante sans cesse vérifiée : face à une force exercée à son encontre, le vivant oppose une résistance pour *persévérer dans son être*, selon l'expression de Baruch Spinoza. L'herbe foulée du pied aura tendance à reprendre une position plus verticale ; l'insecte pourchassé cherchera à fuir ; le hérisson se mettra en boule ; le chien aboiera, mordra peut-être ; l'éléphant fera face ; le rhinocéros chargera. La force suscite, sinon une force contraire, du moins une attitude protectrice pour chercher à lui échapper.

C'est de ce faisceau d'observations et d'expériences que bien des penseurs et des philosophes sont partis pour construire leurs théories de la vie. Convaincus que vivre, c'est vouloir continuer à vivre, ils en concluent que vivre, c'est aussi s'opposer à ce qui l'empêche, résister à ce qui l'entrave. Arthur Schopenhauer décrit ainsi une « Volonté » ou un « Vouloir-vivre » universel et aveugle, cherchant à s'imposer malgré les obstacles. Friedrich Nietzsche, dans le sillage d'Arthur Schopenhauer qu'il appelle son « éducateur », décèle dans l'être une volonté de puissance. Celle-ci ne peut être que polémique : deux puissances qui se rencontrent sans s'accorder sont contraintes d'élaborer des stratégies de résistance, pouvant aller de l'agression franche à l'évitement. C'est d'ailleurs par une analyse novatrice de ces résistances que Friedrich Nietzsche a révolutionné la psychopolitique : il a compris que la morale était une résistance qui ne disait pas son nom, une disqualification symbolique de la puissance au nom de principes tels que « Respectez autrui » ou « Aimez-vous les uns les autres ». La philosophie de Friedrich Nietzsche, sous cet angle, peut s'interpréter comme une analyse critique des résistances sournoises, auxquelles il préférait les puissances franches et affirmatives. Sigmund Freud également, orchestrant le combat impossible à pacifier entre pulsion de vie et pulsion de mort, a montré comment l'une ne pouvait exister sans s'opposer à l'autre de manière pour ainsi dire archimédienne, comme si une force exercée dans un sens appelait une contre-force de même vigueur, créant une chaîne infinie d'action et de réaction.

Notre époque, laïque jusque dans sa métaphysique informulée, regarde avec une certaine distance, tantôt ironique, tantôt nostalgique, ces dramaturgies de la puissance et de la résistance. Leur mise en scène tragique par les grands penseurs évoqués, permise par une conception sans doute trop binaire, ne convient plus vraiment à notre monde davantage sensible à la complexité qu'à la tragédie. Ni la « Volonté » ni la pulsion de vie ne sont souvent invoquées, notamment à cause de leur décalage avec le discours scientifique, méfiant envers tout ce qui peut ressembler à la projection sur la nature d'intention, de sentiment ou de désir. Néanmoins, l'observation de résistances dans tous les comportements demeure une fondation irréfutable pour penser la vie, fondation exprimée par la célèbre paronomase *exister, c'est résister*.

Résister, une passion démocratique

Ce vitalisme est la première grande matrice vers laquelle se tourner pour penser la résistance. Il en est une seconde, à l'autre extrême du spectre qui va de la nature à la culture. Cette deuxième origine de la résistance est une invention humaine, une institution de la liberté qui conditionne notre manière d'être et de penser, et qui est consubstantielle à la philosophie occidentale : la démocratie. On est loin, ici, d'une résistance qui serait comme un fait de nature. On se trouve à l'autre extrême, sur le versant culturel et politique de l'existence. Là aussi, *persévérer dans son être* a une signification. L'homme veut suivre ses aspirations, exercer sa liberté, faire de sa vie une puissance de vie. Il est une *force*. La prise de conscience de ce versant actif de l'existence se retrouve au centre de l'enseignement des sages, des penseurs, des traditions. Elle suppose de ne pas se complaire dans la passivité, de ne pas tout accepter, de ne pas vivre au gré du vent et du hasard, mais d'être capable de se déterminer, de faire des choix, et donc de les défendre s'ils venaient à être contestés ou empêchés. Il s'agit ici de dignité autant que de liberté. La vie humaine ne peut se penser comme un jouet malléable entre des mains supérieures. La conscience de cette vie la mène à une auto-détermination dont elle se sait capable, et cette auto-détermination, qui devient action, décision, énergie, se fait prompte à diagnostiquer ce qui veut la nier. Car il n'est pas assez de vouloir vivre libre et dignement pour y parvenir ! Un décret ne suffit pas. La concurrence des puissances antagonistes est telle qu'il risquerait de rester un vœu pieu, ce décret existentiel, s'il ne se donnait pas également les moyens d'affronter l'antagonisme. Ne pas plier tout de suite, ne pas céder trop vite, mais au contraire déployer sa puissance malgré les obstacles, voire contre eux : voilà un principe qui est au centre de bien des existences et de bien des cultures.

Or ces dernières, pour ne pas en rester au simple jeu d'une force contre une autre, c'est-à-dire au stade premier et polémique de la dialectique de l'existence et de la résistance, ont instauré des mécanismes de protection de la liberté absolument fondamentaux. Il est ainsi possible d'interpréter la démocratie comme une institution de résistance face à la force brute, face à la violence, face à la tyrannie des minorités et même – quand elles sont matures – face à la tyrannie des majorités. Nous y sommes heureusement tellement habitués en Occident que nous ne les considérons plus guère sous cet angle, mais que sont nos démocraties sinon des institutions de résistance aux éventuelles oppressions pour que prospèrent cette dignité et cette liberté humaine qui sont au centre de la vie sociale. *Exister, c'est résister* prend ici un sens politique : il s'agit de mettre en place des mécanismes acceptés par tous qui sont comme les relais et les traductions institutionnelles d'un droit fondamental à la résistance. Sans ce droit, que serait en effet vivre, sinon être l'éternel esclave de puissances plus fortes ?

Une polémologie

Placée sous le signe de la résistance, l'existence ne se conçoit pas comme un long fleuve tranquille. Elle est dialectique, et même polémique. L'action suscite la réaction, l'attaque entraîne la défense, dans un jeu en miroir où force et contre-force, qu'elles soient actives ou passives, se jaugent, s'affrontent et luttent. Presque rien dans ce monde n'est paisible. Ce ne sont pas les préceptes des oisifs épicuriens qui dominent ; au *carpe diem* se substitue un *cave diem* : fais attention à chaque jour car rien n'est acquis. Il faut toujours, pour exister, résister. Ce monde est celui de la force et de ses destins.

Cette force, la philosophie occidentale a eu tendance à la négliger ou, du moins, à lui accorder une place seconde. Depuis Platon, elle a privilégié les structures, les idées et les formes, toutes réalités statiques. Mais la perspective de la résistance impose de comprendre que, sous ces structures organisées, agissent des forces, des énergies, des puissances. Plus difficiles à conceptualiser, ces réalités façonnent un univers dynamique dans lequel rien n'est stable, mais toujours en mouvement, entraîné par le flux des devenirs qui sont la résultante du choc entre puissances et résistances. Une lignée de philosophes, plus dynamistes que formalistes, furent les sismographes de ces affrontements polémiques : Héraclite, l'Aristote de l'*energia*, Lucrèce, le Léonard de Vinci des *Carnets*, Giordano Bruno, Wilhelm Leibniz, Baruch Spinoza, Emmanuel Kant dans son esthétique du sublime,

Arthur Schopenhauer, Friedrich Nietzsche, Henri Bergson, Gilles Deleuze, Gilbert Simondon et Peter Sloterdijk. Chez ceux-là, proches de ce point de vue des pensées orientales qui offrent à l'énergie la place souveraine, la force n'est pas qu'un nom. Elle est la réalité intime de l'être qui procède aux devenirs et façonne les apparences. Elle est puissance et résistance, tendance et contre-tendance. Sous son égide, le monde devient la scène d'une lutte infinie, ce qui du reste rend souvent la lecture des auteurs suscités passionnante. On s'ennuie rarement dans un monde de tensions.

À l'ombre des ultraforces

Ce cadre général est par certains aspects intemporel. La force n'a pas d'âge. Dans ses particularités pourtant, les différences les plus nettes se font sentir entre les époques qui déterminent différemment ce qu'il en est de l'existence et de la résistance. À la description des invariables fondamentaux doit donc faire suite l'analyse des caracté-ristiques d'époque et, en l'occurrence, des manières contemporaines dont s'expriment forces et résistances. Elles sont si nombreuses qu'il faudrait une encyclopédie pour en faire le tour. Dans le cadre de cette étude, allons directement vers le plus nouveau, et peut-être le plus essentiel : l'existence d'*ultraforces* qui imposent de repenser les résistances.

Par ce néologisme, j'entends nommer des puissances planétaires qui président à nombre de devenirs : les GAFAM, les géants du numérique, les colosses de la distribution, les cartels de l'énergie, les grandes banques systémiques, Big Pharma ou encore les acteurs majeurs de l'agro-alimentaire. On a parlé de « multinationales » pour les désigner, tant il est vrai que leur essor est contemporain de l'internationa-lisation du technocapitalisme. Or, plutôt que cet angle géopolitique, c'est la perspective de la force qui m'intéresse ici, afin de saisir cette mutation absolument inédite qu'est la concentration d'un maximum de forces, et donc d'effets, dans des structures qui optimalisent leur taille pour être toujours plus efficaces. Cette concentration de forces diverses est par exemple très sensible pour Google, qui est aussi bien une force numérique et une force culturelle, ce qui est son fondement, qu'une force désormais politique,

économique, psychique, environnementale, et donc
civilisationnelle. Tous les aspects de l'être sont touchés ;
tous ou presque sont façonnés par la puissance de cette
société qui fut d'abord un acteur du Web, avant d'investir
maintenant massivement dans les recherches transhuma-
nistes où s'invente une partie de l'avenir de l'humanité.
On pourrait en dire autant de nombres d'entreprises
chefs de file de leur secteur, comme Amazon, Alibaba,
Walmart, JPMorgan Chase & Co., Sinopec, Shell, et de tant
d'autres encore de ces groupes planétaires dont les noms
sont parfois moins connus, mais dont l'empreinte est
considérable.

  Par le préfixe *ultra*, il s'agit de pointer le fait que
ces forces dépassent les seuils ordinaires de la perception
humaine. De même que ni l'ultrason ni l'ultraviolet ne
peuvent être perçus sans équipement par notre corps,
les ultraforces échappent à notre perception qui ne peut
se hisser au niveau de leur gigantisme. En ces temps
de triomphe de la quantité – songeons simplement que,
sur cette planète, trois voitures sont produites chaque
seconde –, les grands nombres, milliards et trillions, sont
devenus des unités usuelles sur bien des fichiers Excel,
alors qu'ils restent pour l'entendement ordinaire des
grandeurs dont on peine à se forger l'intuition. Ultraforces
veut donc dire cela : colossales et hors de portée, mais
tellement réelles dans leurs effets, tellement ordinaires,
pratiques et faciles, au sein de cette réalité qu'elles
façonnent et organisent. Jamais autant de puissance, de
moyens d'actions et de capitaux n'avaient été rassemblés
dans des structures – ce qui fait de l'existence de ces
ultraforces l'un des événements les plus marquants de
notre postmodernité.

L'anti-rapport

Qu'en est-il alors de la résistance ? Si les forces ont ainsi
muté, quelles sont les mutations corrélatives de la résistance,
puisque force et résistance, dans toute polémologie,
évoluent en miroir ? Tout le problème civilisationnel
contemporain réside dans cette question, qui ne peut plus
s'appuyer sur les vieilles recettes. Face à la force en effet,
la résistance cherche le rapport de force. C'est son réflexe

premier, presque viscéral. Même sans manifester d'hostilité
ni avoir besoin d'y recourir, la question de la résistance
se pose de manière pratique et presque *a priori*: s'il le fallait,
comment résister, quelle prise se ménager ? Voilà les
questions fondatrices de toute résistance, questions qui
reçoivent des réponses variées lorsqu'il s'agit de forces
ordinaires. Lorsqu'il s'agit cependant d'ultraforces, le
rapport de force est difficile à imaginer, encore plus à mettre
en œuvre. On est dans un *anti-rapport*, comme il s'agit de
l'appeler. Qu'est-ce qu'un citoyen européen peut imaginer
comme rapport de force avec les acteurs du Big Pharma ou
de l'énergie ? Rien, tout simplement. Il n'y a pas de rapport
de force, car les ordres de grandeur sont trop disparates ;
le petit est trop petit, et le grand trop grand, pour qu'ils
puissent se rencontrer dans une relation où pourrait exister
une résistance. Même s'ils se regroupent, les citoyens ne
font pas le poids, à quelques très rares exceptions près. Et
les États eux-mêmes peinent à s'imposer et à instituer un
rapport de force. L'on se souvient des auditions de Mark
Zuckerberg devant le Congrès américain qui restent
emblématiques de cet anti-rapport, c'est-à-dire de cette
confrontation sans prise, de cette tentative de représentants
démocratiquement élus qui ne trouvaient ni stratégies ni
leviers pour leurs velléités de résistance.

Nous assistons ainsi à la capture des données
personnelles des utilisateurs par les géants du Web, qui
se considèrent comme propriétaires des informations
concernant nos déplacements, nos relations, nos intérêts,
nos goûts, nos avoirs et nos pensées exprimées. Tout injuste
qu'il soit en regard d'un idéal démocratique qui établit la
souveraineté de l'individu sur les informations le concernant,
et qui n'a pas (encore !) prévu de cadre légal pour cette
appropriation d'informations privées, cette capture d'information ne peut cependant être que constatée et dénoncée.
On peine à aller plus loin, c'est-à-dire à opposer les principes
démocratiques au fonctionnement de ces ultraforces
qui font mine de n'être pas concernées par des principes
pourtant réputés universels.

L'anti-rapport apparaît ainsi comme la cause
d'une frustration de la résistance contemporaine, qui ne
parvient pas à exister, et qui donc se borne à accepter
les déterminations de l'existence par ces ultraforces.

Toute l'ambiguïté de la situation tient au fait que les apports
positifs de ces dernières sont nombreux, et que le mode
de vie qu'elles permettent est, par bien des aspects, très
facile et confortable. À ce titre, l'on pourrait se demander :
pourquoi vouloir résister ? Pourquoi les interpeller, et même
quelle ingratitude de les mettre en doute, alors que pour
l'immense majorité des consommateurs, ces ultraforces sont
les pourvoyeuses irremplaçables de biens et de services
précieux. L'ambiguïté est d'ailleurs de mise : nous les sur-
sollicitons tout en les critiquant ; nous nous servons de
Facebook pour diffuser le plus largement les appels à réduire
la puissance des ultraforces. Mais cette ambivalence est
inhérente à l'existence humaine qui, par nature, est rétive
à se voir imposer des déterminations par ce qu'elle ne
contrôle pas. Qui, autrement dit, se méfie du Destin, que ce
Destin soit théologique ou qu'il soit, comme aujourd'hui,
technoscientifique. Elle ne peut par principe – et on a vu
que c'était le fondement de la démocratie – abdiquer sa
potentialité de résistance. Or, en dépit de ces déclarations
d'intention, elle l'a bel et bien abdiquée, et ne sait que faire
face à ces géants planétaires dont même le Président
des États-Unis aimerait réduire la taille en les fragmentant.
L'histoire dira s'il y parviendra.

Les anti-systèmes

Les frustrations ne restent jamais ce qu'elles sont ; elles
mutent toujours, se transforment. En l'occurrence,
l'on peut repérer deux principaux devenirs à la frustration
de la résistance. Soit elle prend acte du déséquilibre de la
situation vécue et cherche, par des moyens démocratiques,
par l'étude (comme on le fait ici) ou par l'intervention
artistique à faire prendre conscience de cet anti-rapport,
afin qu'adviennent les conditions où il pourra être dépassé.
C'est là une voie sage, rationnelle, qui ne s'illusionne
pas sur ses pouvoirs immédiats, mais table sur la puissance
de la démocratie et du temps afin que soit rapatrié dans
l'orbe de *ce qui dépend de nous*, comme disent les Stoïciens,
ce qui aujourd'hui n'en dépend pas assez. Soit, et c'est son
deuxième destin, cette frustration de la résistance, ressentant
de manière aigüe l'injustice de l'anti-rapport, se transforme
en une critique systématique du « système ». C'est là le

grand mot : tout serait la faute du « système ». C'est lui
qui serait la cause et la condition de possibilité du *négatif*,
et c'est donc à lui qu'il faut résister. Les mentalités anti-
système naissent ainsi, en créant rhétoriquement un ennemi
commode, qui est à la fois partout et nulle part, qui est
aussi bien le pouvoir en place que l'organisation de la société,
les corps intermédiaires que les médias. Le système,
c'est tout et rien ; c'est ce qui est l'autre de l'individu ;
ce à quoi il faudrait résister, faute de pouvoir résister aux
ultraforces.

La rhétorique anti-système a été particulièrement
vive à partir de 2015. Elle fut l'axe principal de la campagne
présidentielle américaine de Donald Trump, de même qu'elle
fut utilisée, dans la France de 2017, par l'extrême-droite
comme par l'extrême-gauche, et même parfois par le centre,
qui y trouvèrent un ennemi fédérateur. Se dire anti-système,
c'était alors endosser une posture de résistance, sans être
trop obligé de dire ce à quoi l'on voulait résister, sous peine
qu'apparaisse la supercherie intellectuelle qui réside dans
le fait de critiquer un système dont on est un élément
central. Mais cette contradiction n'a pas gêné cette nouvelle
forme de la résistance, dont il ne faut pas oublier, si le
diagnostic est exact, qu'il provient de la frustration générée
par l'anti-rapport. Au contraire, la contradiction fut son
ressort. Faire partie du système et le critiquer, c'est n'être
pas dupe. La posture, du reste, se retrouve dans les théories
complotistes qui, elles aussi, participent de cette mouvance
anti-système dont elles reprennent souvent les thèses
paranoïaques et les craintes d'une manipulation par le
« système », justement.

Dans un livre intitulé *Exister, résister. Ce qui dépend de
nous*, paru précisément en 2017, il m'avait paru important
de distinguer la nécessaire résistance face à la puissance des
ultraforces de la résistance floue et rhétorique face au
système. Confondre ces deux résistances est ruineux, car
si les ultraforces traversent, bousculent et stressent nos
systèmes, ces derniers, quant à eux, ont été instaurés dans
l'Après-guerre pour défendre précisément les individus
contre les forces qui les dépassent. Ils sont avant tout des
instances protectrices qui, certes, souffrent de quantités
de maux endogènes et exogènes, suscités notamment par
ces ultraforces. Mais le fond est que ces systèmes sont aussi,

tout paradoxal que cela semble être lorsque l'on n'analyse
pas suffisamment la situation, des instances de résistance.
Je ne parviens personnellement pas à voir dans le système
un « ennemi », alors qu'il est précisément ce qui est institué
pour protéger l'individu. La pandémie vient d'en témoigner :
c'est dans les pays qui pouvaient compter sur un système
de soin robuste, et sur une administration suffisamment
réactive que le choc a été le moins rude. Le système y
a fonctionné comme une seconde réponse immunitaire,
alors que la réponse immunitaire première, biologique,
était parfois inefficace ; et c'est le système – encore lui – qui
a permis la production et la diffusion de masse du vaccin,
lesquels permettent de réactiver l'immunité biologique et
de moins solliciter la protection par la mise en place de
règles strictes dans le système. En revanche, dans les pays
où la mentalité de résistance au système est devenue un
dogme d'état (les États-Unis de Donald Trump, le Brésil
de Jair Bolsonaro, l'Inde de Narendra Modi), et où, court-
circuitant et détruisant les corps intermédiaires qui
organisent les systèmes, les leaders populistes ont cherché
à instaurer un contact direct avec « leur peuple », la situation
a été beaucoup plus dramatique, et le nombre de morts
incomparablement plus élevé. Lorsque les systèmes de
protection ne peuvent remplir leur rôle immunitaire,
le face-à-face de l'individu et du virus tourne souvent à
l'avantage du second.

Pour ces raisons, la résistance rhétorique au système
paraît un débouché stérile et même dangereux de la
frustration de résistance qu'induit l'anti-rapport généré par
les ultraforces. Mais qu'inventer, alors ? Quelles modalités
de résistance privilégier ?

La culture comme espace de résistance

Par profession comme par conviction, je vois dans la culture
et dans l'esprit les ressources les plus précieuses pour
développer une résistance qui ne soit pas systématique et
frustrée, mais juste et rationnelle. Pareil choix doit être
motivé. Car ils sont nombreux, les discours qui soulignent
l'impuissance de la culture et, plus généralement, celle de
l'esprit. À un âge technique où règnent les grandes quantités
et dans lequel triomphe une culture de masse finalement

annexée au champ de la consommation, l'appel à la culture
peut sembler sinon dérisoire, du moins inopérant. Et certes,
la culture paraît parfois fragile face aux défis du moment.
Elle prévaut certes comme repli nostalgique, comme havre
pour celles et ceux que guette une certaine fatigue du
contemporain. Mais au-delà de ces retranchements, recèle-
t-elle vraiment les puissances qui permettent la résistance,
laquelle étant, on l'a vu, une question de force ?

Je le crois, pour cette raison que la culture est d'abord
formation de soi par soi, par le truchement des créateurs
et des artistes. Or c'est ce qui manque le plus dans le contemporain : une place pour l'individu, pour ses convictions,
ses jugements, ses désirs, ses aspirations. Le monde des
ultraforces et les discours qui y règnent est un monde de
blocs, de collectivités où règne la puissance de l'unanimisme.
Les comportements sont souvent grégaires, les perceptions
programmées, les désirs mimétiques. On y est vite enrégi-
menté, et même quand il s'agit de résister, l'on y est
immédiatement fiché, étiqueté. L'époque est à la récupéra-
tion de l'individu, à l'exploitation de ses données, à son
profilage. Mais l'individu, à mon sens, est irrécupérable,
parce que fondamentalement singulier. Plus son jugement
est instruit et affiné par la réflexion, plus sa sensibilité
s'est confrontée aussi bien aux œuvres du passé qu'aux
tentatives libres des contemporains qui cherchent les modes
d'expression qui leur conviennent le mieux, plus, alors,
sa personnalité s'affirmera à nulle autre pareille. Au lieu de
l'uniformisation, la culture propose un chemin de choix
et de goût. À la place de l'enrégimentement dans des circuits
de consommation, elle offre une expérience unique où
l'individu rencontre des œuvres qui lui disent : « Tu ne me
consommeras pas » ! Car c'est bien ce que signale une
fugue de Jean-Sébastien Bach comme une pièce de danse
contemporaine, un film d'Akira Kurozawa comme le
travail d'un plasticien : « Tu peux, spectateur, t'imprégner,
recevoir, contempler, mais ne crois pas qu'il soit possible
de m'assimiler, de me faire tienne, de me consumer ni
de me consommer… Car je dépasserai toujours ce à quoi
l'on veut m'assigner… J'excéderai toujours ce que l'on
pense que je suis… » Telle est la voix de l'œuvre qui pousse
la personne qui noue une relation intime avec elle à faire
l'expérience d'un puissant dépassement.

Or ce dépassement n'est plus dans une logique de force, comme celui des ultraforces. Il n'est pas le lieu d'une réduction de l'individu, de son cantonnement à une existence statistique dans un régime du grand nombre.
Il est plutôt l'expérience d'un accroissement de soi. Il mène les sens et l'esprit vers quelque chose d'abouti, d'intéressant, de grand, qui annonce des possibilités de vie plus larges, plus amples. Quand on a dit que la culture est le lieu d'une formation de soi par soi, en aiguisant sa sensibilité et en formant son jugement, l'on exprime précisément qu'elle est le lieu de ce dépassement de soi au profit de plus de justesse, de plus de complexité, de plus de subtilité. Or là est la véritable résistance : dans l'affirmation d'un individu digne et libre.

C'est à la fois peu et beaucoup. Peu, on l'a assez dit, car la disproportion est telle entre la personne et le jeu mondial des forces, qu'il risque de paraître insignifiant. Mais beaucoup, car rien n'est plus important que cette manière de mener une existence en cherchant à prendre la mesure de ce qui importe, en soupesant chaque fois la valeur des mots, en se nourrissant de vieilles histoires, de pratiques innovantes, en refusant de penser que le monde est né avec l'électronique, mais en s'émerveillant au contraire de la richesse des autres cultures, des autres pensées. La résistance change alors de signe. Elle n'est plus frustration, ni ressentiment. Elle est création.
Et par là, elle a déjà gagné, dépassant même la résistance.

Résister est inutile !
De la puissance de l'art et
de l'impuissance de l'artiste
Markus Gabriel

Markus Gabriel a étudié à Bonn, Heidelberg, Lisbonne et New York. Il est l'un des représentants les plus connus d'un nouveau réalisme en philosophie, élément fondateur de son projet de nouvelle *Aufklärung*. Depuis 2009, il est en charge de la chaire d'épistémologie et de philosophie des temps modernes à l'Université de Bonn et directeur de l'Internationales Zentrum für Philosophie. Dans la même université, il est également directeur du Center for Science and Thought où il se consacre à l'échange interdisciplinaire entre philosophie et sciences naturelles. Il a été professeur invité auprès d'universités au Brésil, au Danemark, en France, en Italie, au Japon, au Portugal et aux États-Unis. Depuis 2020, il est Distinguished Lecturer in Philosophy and the New Humanities à la New School for Social Research de New York. Il est l'auteur de plusieurs ouvrages aux éditions Ullstein, Berlin : *Warum es die Welt nicht gibt*, 2013 (*Pourquoi le monde n'existe pas*, Jean-Claude Lattès, Paris 2014) ; *Ich ist nicht Gehirn. Philosophie des Geistes für das 21. Jahrbundert*, 2015 (*Pourquoi je ne suis pas mon cerveau*, Jean-Claude Lattès, Paris 2017) ; *Der Sinn des Denkens*, 2018 (*Pourquoi la pensée humaine est inégalable*, Jean-Claude Lattès, Paris 2019) et *Moralischer Fortschritt in dunklen Zeiten*, 2020. Il a également publié *Le Pouvoir de l'art*, Gallimard, Paris 2018.

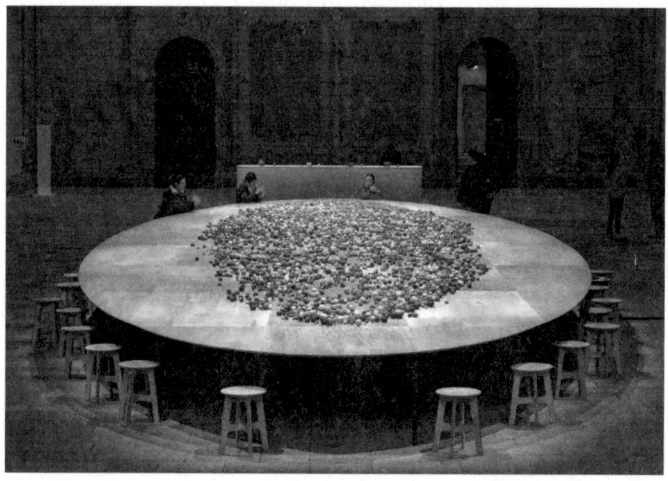

Kimsooja
Archive of Mind, 2017-2019
Installation participative accompagnée de l'œuvre sonore *Unfolding Sphere* (2006)
Boules en argile et table en bois longue de 18 mètres
Vue de l'exposition, *Traversées/Kimsooja*, Palais des Ducs d'Aquitaine, Poitiers, 2019

Nous ne vivons pas une période
de crise mais dans l'ère de la crise
elle-même. Cette ère de la crise
est définie par l'idée selon laquelle
nous nous trouvons dans une
multitude de crises dont la liste
– selon la perspective – peut
s'allonger indéfiniment. Dans la
crise, il semble que l'on trouve : la
démocratie (libérale), le climat, les
systèmes de santé, l'égalité sociale,
la social-démocratie européenne,
l'équité entre les genres, les partis,
la réalité analogique, la vérité,
les arts, les sciences, l'économie,
etc. Vu sous cet angle, on peut
retrouver dans la crise tout et
n'importe quoi. À peine croit-on
pouvoir partiellement résoudre une
crise qu'une nouvelle crise découle
aussitôt de la solution apportée.
Il n'y a pas que les virus qui mutent
de manière invisible mais aussi
le comportement social des parties
du système qu'ils touchent. Ces
mutations sociales se confirment
dans chacune des crises citées
ainsi que dans toutes les autres.

En effet, lorsqu'elle est déclarée, chaque crise se trouve exacerbée dans son essence puisqu'à la crise elle-même s'ajoute la crise de la gestion de crise.

Du fait de cette structure, la période de crise est une période de crise permanente. La crise n'est plus opposée à un état normal troublé par la crise et nécessitant une décision. Bien davantage, la crise est l'état normal auquel on ne peut opposer aucun antonyme. La crise est totale.

Face à une situation générale toujours plus embrouillée au gré des crises dans laquelle l'humanité mondialement interconnectée se débat depuis des décennies, il semble que l'art ait pour mission de faire de la résistance. En effet, au vu de la période de crise, il n'est pas possible d'envisager continuer de la sorte puisque la crise fait barrage à son issue en s'enlisant dans les nœuds de sa gestion. La période de crise se trouve en travers de son propre chemin : l'art nous offre de nouvelles perspectives.

Pourtant, ce n'est pas si simple. Car, en fin de compte, l'art se retrouve lui-même dans une crise du fait qu'il ne sait pas comment faire de la résistance en temps de crise tant il est profondément enchevêtré dans les dynamiques des marchés mondiaux qui le révèlent depuis maintenant assez longtemps comme hétéronome. Selon un diagnostic de Wolfgang Ulrich souvent évoqué, l'art est entraîné dans un processus de retour à la féodalité et, de ce fait, il représente une partie de la crise, notamment en raison de sa prétention à déployer résistance et potentiel critique[1].

Mais cette impression est trompeuse. Dans cet essai, je souhaiterais plaider pour localiser dans l'ontologie de l'œuvre d'art l'issue à la période de crise. Les œuvres d'art nous fournissent une vision ; elles font sauter le cadre de nos représentations étriquées au sujet de ce qui se passe dans la réalité. Je définis cela comme la *prospectivité* de l'art dépassant sa *perspectivité* : l'art nous montre de quelle manière nous sommes piégés dans des représentations pathogènes, indiquant ainsi qu'une issue est envisageable.

Ce n'est ni dans l'intention de l'artiste ni dans son intégration au monde de l'art, rendu célèbre par Arthur Danto, que la prospectivité de l'art réside, mais bien dans son ontologie. En effet, le monde de l'art, en tant que structure de présentation et de signification de l'art, est depuis toujours enferré dans la crise et donc sans issue.

C'est la raison pour laquelle l'art ne *fait* pas de résistance :
il *est* résistance. Alors que l'idée que l'artiste puisse mener
une résistance politique grâce à la production d'œuvres
est mise en échec parce que ses intentions restent partie
intégrante de cette structure qu'elles ne pourront trans-
cender qu'apparemment. Pour le dire plus simplement,
la résistance qui vient de l'art est fondamentalement
indépendante de l'intention des acteurs qui sont intégrés
au monde de l'art – en premier lieu, les artistes, les
galeristes, les collectionneurs et le public. La tentative d'un
artiste de mener une résistance appropriée, politiquement
reconnaissable et donc pertinente, grâce à son œuvre,
échoue à cause de l'existence de l'œuvre. Néanmoins,
les œuvres, dans leur autonomie radicale, sont capables
d'incarner la résistance, car elles ne peuvent exister
dans des rapports hétéronomes. Les œuvres sont absolues ;
elles sont dissociées des relations dans lesquelles les
membres d'une crise sont retenus. L'inutilité de l'art est
donc le terreau ontologique d'un épanouissement de la
résistance, d'où mon titre : résister est inutile.

I. Une autonomie radicale

Un système, c'est-à-dire un agencement d'objets avec des
règles, est autonome lorsque ces règles ne peuvent être
expliquées que par la référence à la structure du système
lui-même. En ce sens, les processus qui peuvent être
totalement expliqués par le recours aux lois de la nature
sont hétéronomes en cela qu'ils ne s'attribuent pas eux-
mêmes leur règle mais qu'ils l'obtiennent de l'extérieur et
qu'ils la partagent avec d'autres systèmes du même genre.

Dès lors que les hommes, dans leur autodétermi-
nation d'êtres vivants dotés d'action et de réflexion, sont
soumis à des lois morales, il ne s'agit pas de lois qui viennent
de l'extérieur mais d'une « loi morale que nous trouvons
ennous », pour citer la célèbre formulation d'Emmanuel Kant
(1724-1804)[2]. Les lois morales en nous (qui, contrairement
à ce qu'Emmanuel Kant pensait, n'existent bien entendu
pas au singulier) sont des lois que nous partageons avec
tous les humains. Car les causes morales d'action sont celles
que nous avons justement parce que nous sommes des
êtres humains. Ainsi sont-elles valables universellement et,

sous certaines conditions, tout à fait applicables à nos attitudes vis-à-vis d'autres formes de vie non humaines[3]. Les lois morales concernent certes des acteurs autonomes, c'est-à-dire nous-mêmes, mais en raison de leur universalité, elles sont quelque chose qui nous relie aux autres. Elles sont le fondement d'une socialisation normative réussie.

À l'inverse des êtres vivants dotés de raison soumis à des principes moraux ancrés en eux, les œuvres d'art ne sont pas seulement autonomes mais *radicalement* autonomes[4]. La radicalité de leur autonomie réside en ceci que les règles d'agencement qu'elles se donnent pour pouvoir relier entre eux les différents objets y apparaissant ne peuvent en principe pas se répéter – ceci étant également valable à notre supposée « époque de leur reproductibilité technique[5] ». Quelles que soient la qualité et l'impossibilité de différencier une œuvre d'art reproduite de son original, elle n'est en effet pas identique à son original mais ne représente pas non plus une œuvre en série à la manière des séries d'Andy Warhol (1928-1987). La singularité de l'œuvre ne réside pas dans l'entité du corps de l'œuvre (disons une peinture encadrée, une sculpture ayant des limites spatio-temporelles ou n'importe quel objet physique observable) mais dans l'impossibilité de répéter son agencement.

Il existe différentes couches dans l'agencement d'une œuvre. Je désigne ces couches comme des champs de sens, c'est-à-dire des agencements d'objets dont la signification est définie par leur façon d'apparaître au public[6]. Ainsi, dans *Archive of Mind* (2017-2019) de Kimsooja, les boules d'argile en tant qu'objets font partie du champ de sens de l'œuvre. Elles sont mises en forme pour être éclairées de manière particulière selon leur emplacement. Leur agencement les contextualise dans l'œuvre. L'interprétation est une part essentielle de l'œuvre. À travers elle, je saisis spécifiquement la projection des objets de l'œuvre, visibles dans ce cas présent, dans l'esprit des observateurs. Ces derniers s'approchent de ces objets dans une perspective individuelle, c'est-à-dire depuis leur position. L'œuvre dans sa globalité implique ainsi l'esprit des observateurs ; elle rayonne à l'intérieur des observateurs, comme l'illustrent les *Little Suns* (2017) d'Olafur Eliasson (*1967) ou *Impression, soleil levant* (1872) de Claude Monet (1940-1926). D'un côté, les œuvres d'art sont donc toujours les archives de l'esprit, mais elles réalisent cette fonction à chaque fois d'une manière spécifique et, même plus exactement, singulière.

Ainsi, les œuvres ne se soumettent à aucune règle définissable se préoccupant de l'existence d'un genre supérieur nommé « art » ou de n'importe quelle autre spécification relative au genre. Il n'existe en effet pas de définition classique, aristotélicienne de l'art mais seulement ce slogan percutant de Joseph Kosuth : « Art is the definition of art[7] ».

Il est ainsi possible de classifier les œuvres d'art de façon *exemplaire*, ce à quoi s'est confronté Emmanuel Kant dans la *Critique de la faculté de juger* (1790), lorsqu'il parle d'une nécessité exemplaire qui est « considérée comme exemple d'une règle universelle que l'on ne peut indiquer[8] ». La règle universelle serait une règle qui indique ce qui est une œuvre d'art. Pourtant, une telle règle n'existe pas parce que les œuvres d'art sont radicalement autonomes, donc absolument singulières et que leurs règles ne peuvent être répétées.

Ainsi, il n'est pas étonnant que toutes les tentatives d'une définition classique de « l'art », censée aider à différencier les objets qui relèvent de l'art de ceux qui n'en relèvent pas, aient échoué[9]. Dans son autonomie radicale, l'art est ontologiquement trop anarchique, trop dénué de principes et de règles pour fournir un canon de genres, de styles, de catégories, etc., qui soit susceptible de limiter sa libre action. C'est pourquoi, dans la réalité, il n'existe pas quelque chose comme l'impressionnisme, le pointillisme ou la performance, mais toujours uniquement une infinie multitude d'œuvres d'art susceptibles de se ressembler à certains égards mais desquelles il est impossible de conclure qu'elles représentent un tableau de catégories qui puisse s'inscrire historiquement sur un axe de temporalité.

2. Résistance absolue

En raison de leur autonomie radicale ontologiquement singulière, les œuvres d'art sont résistance : elles s'opposent aux conditions générales de la compréhension et de l'entendement utilisées en période de crise pour créer des rapports univoques montrant que nous nous trouvons dans telle ou telle crise. À travers l'art, la crise bascule elle-même dans la crise ; elle chancelle et est déconcertée.

Ainsi, ce n'est pas un hasard si, dans un mode de crise aigüe, comme la situation pandémique depuis 2020, on insiste sur le fait que l'art a été relégué au dernier plan derrière la protection contre le virus. Car il ne serait pas pertinent. Toujours est-il que c'est davantage l'inverse qui est vrai : lorsque le système pertinent pour mesurer la pertinence du système est la démocratie, c'est justement l'art qui se révèle pertinent parce qu'il dissout les fausses certitudes dans lesquelles nous nous installons lorsque la crise devient un état permanent. Et il dissout les fausses certitudes parce qu'on ne peut pas recevoir l'art sans que l'esprit du récipiendaire ne soit aspiré dans l'œuvre. Dans l'expérience esthétique déclenchée par la surface sensorielle de l'œuvre, par le son, par le mouvement, par la couleur, par la matière, par l'odeur, etc., des objets agencés dans l'œuvre, nous nous confondons quasiment à l'œuvre mais n'y parvenons jamais totalement car il y a trop de choses que l'on ne peut comprendre et expliquer avec les catégories du quotidien auxquelles l'œuvre résiste.

La résistance de l'œuvre est absolue parce qu'elle est sans objet. Les œuvres n'ont aucune intention ; elles *sont* tout simplement et invitent en même temps, à l'instar des sirènes, à les écouter, à s'approcher d'elles sans jamais pouvoir conceptualiser l'énigme de leur pouvoir ou la résoudre selon les catégories de la réflexion de crise menée. Comme l'a exprimé Simon Critchley dans son interprétation de Wallace Stevens, « les choses simplement sont[10] ». Les œuvres dérangent notre propre gêne, elles inquiètent le raisonnement inquiet qui se niche dans les platitudes idéologiques de la période de crise.

Le vieux discernement herméneutique est donc vrai : notre condition humaine, notre subjectivité est transformée dans l'expérience esthétique car nous sommes une partie d'une résistance absolue en cela que, en tant que récipiendaire de l'œuvre, nous faisons partie d'elle-même et non pas d'une autre sphère dans laquelle nous serions observateurs[11].

3. L'impuissance de l'artiste

Selon une représentation largement répandue, il est possible de mettre en lien des programmes politiques et la production d'art et donc d'être engagé. D'après cette conception, la mission de l'avant-garde consiste à développer des puissances progressives au sein de sa propre époque et à identifier les possibilités d'un avenir meilleur à travers la puissance visionnaire de la perspective artistique.

Néanmoins, cette conception oublie que le pouvoir de l'art est absolu, qu'il ne peut donc pas être mis sous contrôle alors que l'artiste tente de poursuivre un but. Les artistes aiment encore avoir de nobles buts politiques. On ne peut les consigner dans l'art puisque l'art ne peut exister sans la réception que nous en avons. Et la réception ne se laisse pas manœuvrer, on peut seulement lui offrir un cadre grâce à l'agencement d'objets dans des couches de champs de sens. Mais ce qui devient visible dans ce cadre n'est plus dans la main de l'artiste. Que l'*Antigone* (442 avant J.-C.) de Sophocle soit une pièce conservatrice pour justifier le pouvoir politique d'un Créon ou une intervention proto-féministe ne relève pas que de la décision de Sophocle. Le texte propose les deux et même bien davantage, son ontologie offrant de multiples interprétations.

Cette réflexion vaut pour toutes les autres œuvres d'art. La perspective dans laquelle une sculpture d'Auguste Rodin (1840-1917) est observée, les champs de sens activés pour la classer, les circonstances qui vont faire qu'un observateur ou une observatrice va y reconnaître des personnages qui ressemblent à des humains, Auguste Rodin ne peut exercer qu'une influence limitée sur tout cela. Ontologiquement, l'œuvre est supérieure à son créateur. Comparée à l'impuissance de l'artiste, il s'agit d'une puissance supérieure de l'œuvre.

Ainsi, des artistes échouent dans leur revendication à résister à travers leur activité de production artistique. Que cela les mène à devenir des victimes d'une persécution politique tient aussi au contenu et au caractère de leur œuvre si bien que la création d'œuvres d'art est continuel-lement une prise de risque car on ne peut anticiper ce que l'œuvre va provoquer chez ses observateurs.

4. Pour un art post-apocalyptique

Je suis parti de la réflexion que nous étions profondément empêtrés dans les paradoxes de la crise. La seule issue qui s'impose à tous est l'apocalypse – que ce soit la fin de la démocratie ou l'Armageddon climatique craint par un grand nombre d'entre nous[12]. Pour échapper à ce dilemme, aux pièges de la crise et à ses points de fuite apocalyptiques, il est temps de penser plus loin que cette période de crise. La position depuis laquelle on peut reconnaître une issue ne peut être fournie par l'apocalypse car cette dernière s'inscrit essentiellement dans la fantasmagorie de la crise.

Ainsi, dans son inutilité, l'art peut être une forme de résistance à l'apocalypse. C'est pourquoi nous avons besoin d'un art post-apocalyptique qui renonce, notamment, à la légende de la fin de l'art, donc d'une apocalypse esthétique.

L'art post-apocalyptique commence là où les artistes avouent avoir perdu le contrôle et s'ouvrent à la particularité des œuvres sans essayer de les combiner avec un message révélant l'esprit critique et la volonté de résister. L'artiste ne doit pas essayer d'agir dans le sens d'un progrès ; il peut être qui il veut ; il n'y a pas d'habitus universel approprié d'où jailliraient les œuvres d'art. Car les œuvres jaillissent au moment où elles le veulent ; elles sont le purement jailli (« Reinentsprungenes »), pour reprendre l'image de Friedrich Hölderlin maintes fois évoquée[13].

Dans une idée de résistance, cela signifie passer de la dystopie à l'utopie, de l'hétéronomie à l'autonomie radicale afin de rendre l'art visible dans sa puissance absolue, dans l'existence réelle de sa résistance. L'ouverture sur un futur qui ne soit pas un désastre qui suscite l'intervention d'une protection civile dépend de la réussite ou non à reconnaître la puissance discrète mais néanmoins absolue des œuvres d'art qui coulent, comme l'architecture dans les veines de nos centres-villes récemment abandonnés pendant des mois ; œuvres d'art qui, en tant que design, structurent les scenarii des *digital natives* ; œuvres d'art qui, sous le format des séries, ponctionnent le potentiel addictif des abonnés ; et qui, dans le meilleur des cas, sont capables de nous laisser imaginer un futur dont l'issue de crise, contrairement à la pensée en mode crise persistante depuis des décennies, ne vise plus à l'autodestruction des conditions générales d'une existence moderne dans la liberté et la dignité.

[1] Wolfgang Ullrich, *Siegerkunst. Neuer Adel, teure Lust*, Klaus Wagenbach Verlag, Berlin, 2016

[2] Voir le célèbre passage à la fin de la *Critique de la raison pratique*, F. Alcan, Paris 1888, p. 291 : « Deux choses remplissent le cœur d'une admiration et d'une vénération toujours nouvelles et toujours croissantes, à mesure que la réflexion s'y attache et s'y applique : *le ciel étoilé au-dessus de moi et la loi morale en moi.* Ces deux choses, je n'ai pas besoin de les chercher et de les conjecturer simplement, comme si elles étaient enveloppées de ténèbres ou placées dans une région transcendantale en dehors de mon horizon ; je les vois devant moi, et je les rattache immédiatement à la conscience de mon existence. »

[3] Markus Gabriel, *Moralischer Fortschritt in dunklen Zeiten. Universale Werte für das 21. Jahrhundert*, Ullstein Verlag, Berlin 2020.

[4] Markus Gabriel, *Le Pouvoir de l'art*, Gallimard, Paris 2018, ainsi que *Fiktionen*, Ullstein Verlag, Berlin 2020.

[5] Voir le *locus classicus* de cette discussion chez Walter Benjamin, *L'Œuvre d'art à l'époque de sa reproductibilité technique*, 1936.

[6] Pour plus de détails concernant l'ontologie comme fondatrice, voir Markus Gabriel, *Sinn und Existenz. Eine realistische Ontologie*, Ullstein Verlag, Berlin 2016, ainsi qu'en propos introductif, Markus Gabriel, *Pourquoi le monde n'existe pas*, Jean-Claude Lattès, Paris 2014.

[7] Joseph Kosuth, *Art After Philosophy and After. Collected Writings, 1966-1990*, MIT Press, Cambridge 1991.

[8] Emmanuel Kant, *Critique de la faculté de juger* [1790], Garnier-Flammarion, Paris 2015, p. 217.

[9] Voir les tentatives d'Arthur Danto, notamment « The Artworld », in *Journal of Philosophy* LXI, 1964, p. 571-584, ainsi que du même auteur *What Art Is*, Yale University Press, Yale 2013.

[10] Simon Critchley, *Things Merely Are. Philosophy in the Poetry of Wallace Stevens*, Routledge, New York 2005.

[11] Voir l'argumentation claire défendant une telle position chez Georg Bertram, *Kunst. Eine philosophische Einführung*, Reclam Verlag, Stuttgart 2005, ainsi que du même auteur, *Was ist der Mensch? Warum wir nach uns fragen*, Reclam Verlag, Stuttgart 2018.

[12] Sur ces aspects, voir Deborah Danowski & Eduardo Viveiros de Castro, *In welcher Welt leben ? Ein Versuch über die Angst vor dem Ende*, Matthes & Seitz Verlag, Berlin 2019.

[13] Friedrich Hölderlin, *Hymnes et autres poèmes*, Payot & Rivages, Paris 2004, p. 113.

La résistance
comme création de valeur?
Isabelle Graw

Dans cette contribution, l'autrice réagit à deux questions de Bernard Fibicher qui contextualisent le concept de résistance dans le cadre de pratiques artistiques interrogeant la question de la valeur, l'un des axes de recherche actuels d'Isabelle Graw.

Isabelle Graw est professeure d'histoire de l'art et de théorie de l'art et codirectrice, aux côtés de Daniel Birnbaum, de l'Institut für Kunstkritik de la Städelschule, Francfort. Elle enseigne l'histoire de l'art et la théorie de l'art des XXᵉ et XXIᵉ siècles. Avec Stefan Germer, elle fonde en 1990 la revue trimestrielle *Texte zur Kunst*. Ses domaines de recherche actuels sont l'histoire des pratiques artistiques interrogeant la question de la valeur depuis l'Après-guerre ainsi que la production et l'attribution de valeur dans une perspective contemporaine. Ses principales publications sont *Die bessere Hälfte : Künstlerinnen im 20. und 21. Jahrbundert*, Dumont Verlag, Cologne 2003 ; *Der große Preis : Kunst zwischen Markt und Celebrity Culture*, Dumont Verlag, Cologne 2008, traduit par Sternberg Press en 2010 sous le titre *High Price: Art between the Market and Celebrity Culture* ; *Die Liebe zur Malerei: Genealogie einer Sonderstellung*, Diaphanes Verlag, Zurich/Berlin 2017, traduit par Sternberg Press en 2019 sous le titre *The Love of Painting: Genealogy of a Success Medium* ; *In einer anderen Welt. Notizen 2014-2017*, Hatje Cantz, Berlin 2020, traduit par Sternberg Press en 2020 sous le titre *In Another World: Notes, 2014–2017* ; *Three Cases of Value Reflection. Ponge, Whitten, Banksy*, Sternberg Press, Berlin 2021.

BERNARD FIBICHER Vous avez montré que la valeur d'une œuvre d'art se crée et se définit, d'une part, par des caractéristiques intrinsèques (matérialité, « paternité » artistique, « intervention spécifique ») et, d'autre part, par la réception (affect commun). Comment cela se passe-t-il lorsque des valeurs sociales ou politiques (nourries par des manifestations de protestation comme Black Lives Matter ou #MeToo) se reflètent dans des œuvres d'art ? Y a-t-il alors télescopage de valeurs opposées entre réception éphémère et longévité de l'œuvre d'art ? Des thèmes comme, par exemple, l'opposition ou la résistance à la bourgeoisie au XIXe siècle, à l'art marchand (je pense au Land Art), à la société de consommation (le Pop Art, Thomas Hirschhorn), à la domination masculine (les Guerrilla Girls) ne sont-ils pas devenus une caractéristique spécifique de l'art « moderne » ?

Un art qui anticipe la réception et fait de la notion de résistance un critère fondamental de la valeur de l'art.

ISABELLE GRAW   Sans aucun doute, il est certain que des mouvements de protestation comme Black Lives Matter ou #MeToo ont bousculé et stimulé d'une nouvelle manière la réflexion autour de la valeur dans l'art. Pendant longtemps, des œuvres d'artistes catalogué·e·s comme « noir·e·s » ou « femmes » ont été considérées sur le marché de l'art comme de moindre valeur – aussi bien concernant leur valeur symbolique que leur valeur marchande. Il existait à ce sujet une *discrimination de valeur* qui n'a plus cours aujourd'hui, notamment grâce à la pression exercée par les mouvements sociaux évoqués. Artistes, commissaires et chercheur·euse·s réalisent toujours davantage que le refus d'attribuer de la valeur à une œuvre est souvent l'expression de racismes et de sexismes institutionnels profondément ancrés. J'aimerais avancer ici quelques réflexions fondamentales sur la question de la valeur : la valeur d'un travail artistique se réalise, en matière de réception, grâce à une « configuration euphorique de confiance » (Aaron Sahr)[1]. Cela implique un nombre important de personnes qui considèrent l'œuvre d'art crédible et significative. L'instauration de cette « configuration de confiance » est portée par des données psycho-sociales (il peut s'agir par exemple de recommandations d'initié·e·s) mais aussi par des mécanismes institutionnels sous la forme d'expositions dans des musées ou des galeries. Mais en premier lieu, c'est le succès d'une œuvre sur le marché, lequel se manifeste notamment dans le cadre des ventes aux enchères, qui crée la confiance par rapport à sa valeur. La cohabitation de ces facteurs est l'élément déclencheur de ce désir collectif et affectif que l'économiste André Orléan nomme « affect commun[2] ». La valeur accordée à quelque chose dépend, selon lui, de l'orientation de ce désir.

La communication et les interactions sociales sont nécessaires à l'apparition de ces désirs. Dans l'activité artistique, ce sont les moments des « vernissages » et des « dîners » qui vont permettre un échange dans le but final de définir la valeur[3]. Selon André Orléan, le désir collectif issu de ces événements fonctionne par *mimétisme.* Les acteur·rice·s désirent ce qu'ils pensent que les autres

désirent également. En raison de sa structure, ce désir
s'oriente donc toujours vers les mêmes choix et en laisse
systématiquement d'autres de côté. Il ne s'investit que dans
certains noms.

Plus une œuvre artistique parvient à éveiller des
« attentes fictionnelles » (Jens Beckert) chez les intéressé·e·s,
mieux s'en porte sa forme-valeur[4]. Les travaux artistiques
doivent pouvoir être jugés ou imaginés encore porteurs de
sens dans le futur pour qu'une valeur leur soit attribuée.
Cette croyance en la pertinence future d'œuvres imaginées
par des artistes catégorisé·e·s comme noir·e·s ou femmes
n'apparaît traditionnellement que dans de rares exceptions.
Les résultats des ventes aux enchères des dernières années
laissent transparaître que les acteur·rice·s du marché de l'art
restent très sceptiques en la matière. Mises à part quelques
exceptions comme Jean-Michel Basquiat ou Cindy Sherman,
les noms d'artistes noir·e·s ou femmes n'apparaissent pas
dans les enchères les mieux cotées de ces dernières années[5].
Les records d'enchères sont davantage atteints avec des
œuvres d'artistes blancs, de sexe masculin.

Que l'identité *imaginée* des artistes soit aussi prépon-
dérante dans la forme-valeur de leur production est, à mon
sens, à mettre en lien avec le comportement de réception
des observateur·rice·s. Dans son esthétique de la réception,
Wolfgang Kemp a attiré l'attention sur le fait que les
observateur·rice·s d'une œuvre d'art avaient continuellement
à l'esprit l'« auteur·rice imaginé·e ». Selon lui, ils font
abstraction de l'« individualité réelle » de l'auteur·rice autant
qu'ils spéculent dessus[6]. De fait, les observateur·rice·s
d'une œuvre d'art réfléchissent toujours à l'identité
(imaginée) de l'auteur·rice. Et il faudrait compléter en
ajoutant que si ce·tte dernier·ère est catégorisé·e noir·e ou
femme, l'expérience montre que cela aura un effet plutôt
dévalorisant sur l'œuvre.

Ce qui se passe à petite échelle dans le cadre de la
réception peut être vu comme l'expression de représentations de valeur gorgées de pensées racistes et sexistes.
Judith Butler fait référence à la violence avec laquelle notre
société fait la différence entre des vies « précieuses » et
d'autres « sans valeur » – une violente forme de discrimination
qui se retrouve également dans le monde de l'art[7]. Tout
comme la vie de Noir·e·s ou de migrant·e·s en Europe ou

aux États-Unis est souvent considérée comme ayant moins de valeur et donc moins « digne de deuil » (Judith Butler), le monde de l'art n'est pas prêt à reconnaître les travaux d'artistes catégorisés noir·e·s ou femmes sur un pied d'égalité avec les autres. En raison de l'identité imaginée des auteur·rice·s – une identité que les artistes revendiquent souvent eux-mêmes –, leur production sera, en termes de forme-valeur, inférieure à celle de leurs collègues blancs, de sexe masculin. Cependant, ce n'est pas une entreprise facile de différencier cette forme de discrimination de valeur qui trouve ses racines dans les racismes et les sexismes d'autres formes potentiellement plus justifiées. Je pense ici notamment à une critique argumentée et convaincante d'un travail artistique qui peut être tout à fait légitime. Mais souvent, dans ces critiques partiellement justifiées de travaux d'artistes femmes et noir·e·s résonnent, de manière latente, l'acceptation problématique de leur (apparente) moindre signification.

Mais revenons à votre question. Comme vous, je ne pense en aucun cas que cela porte atteinte, sur le long terme, à la valeur symbolique et marchande d'œuvres d'art lorsque celles-ci sont enrichies d'histoire contemporaine ou de la « réalité de la vie ». Au contraire, selon moi, les œuvres d'art qui comportent, par exemple, des traces visibles de vie et de travail gagnent souvent en valeur. Car cela intensifie leur vitalité : comme pour le fétichisme de la marchandise chez Karl Marx, les œuvres d'art enrichies des réalités de la vie semblent quasi vivantes – elles semblent parler ou, dans une certaine mesure, se retourner de manière autonome. Ces objets sans vie semblent ressuscités grâce à l'histoire contemporaine qui s'y est mêlée. En même temps, les conditions de vie et de travail inscrites dans l'œuvre d'art se manifestent lorsqu'elles sont chosifiées (et donc mises en sommeil). Cette oscillation entre la vitalité et l'image figée des conditions de vie du moment peut s'illustrer avec l'œuvre *Race Riot* (1964) d'Andy Warhol (1928-1987). Le recours de ce dernier à l'histoire contemporaine enchâsse visiblement l'œuvre dans un contexte qui profite à sa valeur symbolique et marchande. Et simultanément, l'événement historique est fixé et conservé en devenant un motif pictural – ce qui va dans le sens de l'ajout de valeur. Au final, comme l'a démontré Karl Marx, la valeur est justifiée par sa dualité : elle se réfère à des conditions de production concrètes autant qu'elle s'en soustrait[8].

De plus, je pense, comme vous, que l'attitude des avant-gardes historiques consistant à « épater le bourgeois » est devenue tout à fait acceptable depuis longtemps – cela se vérifie aisément avec des artistes comme Martin Kippenberger (1953-1997) ou Banksy (c. 1974)[9]. La tâche est encore compliquée par le fait que certaines attitudes déjà idéalisées par les avant-gardes historiques comme « résistance » ou en « rupture avec les règles » ont été reprises depuis longtemps maintenant, notamment par d'autres messages politiques. À la vue de ces despotes à la Trump, en rupture avec les règles, dont l'esprit général est très proche de celui de l'artiste guerrier résistant (de sexe masculin), cette approche doit être prise en considération. À l'occasion, on pourrait systématiquement tenter de faire la différence entre les formes de rupture et de résistance politiquement plus discutables et celles souhaitables d'un point de vue artistique. De même, le vieil idéal des avant-gardes historiques de transcrire l'art dans sa « pratique de vie » (Peter Bürger) semble aujourd'hui bien peu désirable à l'aune des réseaux sociaux. Car la finalité de ces réseaux sociaux est de faire du profit avec nos vies : sur la plateforme économique, notre vie est utilisée jusqu'à la dernière miette[10]. Par nos messages, nous réalisons un travail non rémunéré dans lequel nos informations personnelles sont particulièrement précieuses.

Dans ce contexte, il est pertinent de se demander, dans une perspective d'histoire de l'art, dans quelle mesure les nouvelles formes sous lesquelles l'art intervient dans nos vies depuis les années 1990 peuvent au final espérer augmenter leur valeur. Je pense ici notamment à des formes élargies de peinture qui relèvent aussi de la performance et, de fait, incluent le personnage convoité (et vivant) de l'artiste. Ce surcroît de vie dans les formes élargies de peinture rejoint également cette notion de valeur. Dans ce contexte, je ne plaide assurément pas pour un retour en arrière, avant le « décloisonnement des arts », souvent évoqué, pour séparer strictement « l'art » et « la vie ». Au contraire, au lieu d'ouvrir la voie à un retour aux distinctions rigides qui, en fin de compte, favoriserait aussi les processus de valeur ajoutée, je prône bien davantage pour repartir d'un échange réciproque riche entre l'art et la vie dans le cadre duquel les deux parties puissent sans cesse se reconfigurer mutuellement. Notre estimation (y compris en valeur théorique) de leur potentiel dépend de la manière dont cette riche relation de réciprocité est traitée dans les travaux artistiques.

Le problème d'une « résistance » intrinsèque à l'art que vous évoquez nécessite d'abord une définition. Qu'entend-on par « résistance » ? Est-ce le fait de combattre activement un « ennemi » clairement identifié ? Dans un tel cadre agonistique, y a-t-il par conséquent (mais peut-être à tort) des conditions non ambiguës supposées ? Et ces activités vont-elles être mesurées à l'aune de leur efficacité ? Ne devrait-on pas plutôt, comme Iris Därmann, plaider pour une compréhension plus complexe dans laquelle la résistance ne serait pas seulement mesurée selon son succès ou considérée suivant une « échelle des bouleversements révolutionnaires »[11] ? Iris Därmann s'intéresse davantage aux « nombreuses pratiques de résistance de faible intensité qui ne peuvent se jouer la plupart du temps que dans la clandestinité et non dans la sphère publique ». Laissant de côté le fait que l'auteur·e prend le risque, avec sa préférence pour le combat caché et invisible, de conférer une croyance romantique à la force de la subversion, j'estime utile de faire la différence, comme elle, entre diverses formes de résistance dans le domaine de l'art. Et la réussite de leur intervention ne devrait *pas* être mesurée d'après leur efficacité car cela impliquerait une compréhension fonctionnelle de l'art. Cependant, dans le monde de l'art, il arrive aussi que l'on rencontre des pratiques de résistance bruyantes – le manifeste est leur berceau ancestral –, mais il existe aussi des manières plus discrètes de s'opposer, par exemple lorsque des artistes *ne* participent *pas* à un projet d'exposition politiquement discutable ou lorsqu'ils refusent tout simplement le diktat actuel de la présence sur Instagram. De telles pratiques ne se laissent toujours juger que *selon les situations,* c'est-à-dire en tenant compte de la spécificité historique de chacun des champs dans lequel l'artiste tente d'intervenir.

Dans les avant-gardes historiques, les artistes agissaient à l'intérieur d'un domaine de combat défini dans lequel les ennemis étaient clairement identifiés mais, aujourd'hui, nous nous retrouvons, au contraire, confrontés à une action artistique globalisée et d'une grande variété. Remplaçant des axes de conflit autrefois clairement identifiables, une économie de l'affect est aujourd'hui apparue sous le signe du numérique que Joseph Vogl décrit très justement comme une « hostilité de tous envers tout le monde[12] ». Selon lui, un nouveau sentiment collectif émane paradoxalement de cette hostilité généralisée. On se rapproche dans le mépris et l'hostilité éprouvés les uns pour les autres. En réfléchissant aux possibles formes de résistance, on doit prendre en considération, outre ledit passage du champ artistique, depuis les années 1990, d'un champ de combat structuré et clair à une industrie globalisée, pluralisée et d'une grande variété, une autre modification : le monde de l'art est entre-temps devenu une part de l'économie digitale financiarisée dans laquelle chacun est un concurrent potentiel. Dans le contexte de cet élargissement de la sphère économique qui envahit toujours davantage des sphères autrefois privées, il faut se demander si l'exécution de gestes de résistance (avec tout leur pathos) semble adaptée. Comment peut-on faire de la résistance contre une puissance dont le but est que nous nous soumettions volontairement et dont les valeurs sont depuis longtemps intériorisées par un certain nombre d'entre nous ?

BERNARD FIBICHER   Depuis quelques décennies, la durabilité est au sommet de la pyramide de la hiérarchie sociale de valeurs. La durabilité – la tentative de survivre à plusieurs générations, d'aspirer à l'éternité – a toujours été une caractéristique de l'art. Est-ce que l'utilisation de matériaux éphémères (de la graisse chez Joseph Beuys, du chocolat chez Dieter Roth) ou le recours délibéré à des techniques s'autodétruisant (les bougies d'Urs Fischer, l'œuvre broyée de Banksy) peuvent être considérés comme une contestation de l'idéal de durabilité ? Ou davantage comme le signe d'un monde perpétuellement en mouvement, soit une durabilité à travers la transformation ? Pourquoi le musée a-t-il des difficultés avec de telles œuvres ? Le fait de conserver est-il plus important que celui de donner une approche vivante au changement ? Et pourquoi intègre-t-il pourtant de telles œuvres dans ses collections ? Le musée veut-il faire de la résistance contre ses valeurs fondamentales une caractéristique inhérente au système ?

ISABELLE GRAW   Je ne considère pas forcément des œuvres comme les coins de graisse de Joseph Beuys ou le tableau *Love Is in The Bin* (2018) de Banksy comme une contestation des prémisses de la durabilité bien que les matériaux soient éphémères ou que les œuvres aient été partiellement détruites. Nonobstant cela, je rejoins votre proposition de tracer un parallèle entre la durabilité et la promesse d'éternité de l'art. Je suis d'avis que des artistes comme Joseph Beuys (1921-1986) ou Dieter Roth (1930-1998) ont pris une nouvelle mesure de la signification de la matérialité pour la forme-valeur de l'art à travers l'emploi de matériaux éphémères. Il est aussi possible d'utiliser des matériaux périssables et immatériels – comme chez Yves Klein (1928-1962). L'usage artistique de l'immatériel trouve son origine dans la symbolique croissante du travail immatériel dans la vie économique. Dans le cadre de travaux comme ceux de Joseph Beuys ou Dieter Roth, les conservateurs doivent s'acquitter de la mission de présenter durablement les matériaux éphémères – car c'est notamment à travers la matérialité de l'œuvre d'art que sa valeur sera fixée. La valeur particulière d'un travail artistique ne réside donc pas seulement dans son caractère d'œuvre unique mais aussi dans sa composition matérielle. C'est pour cela que, même dans le cadre de pratiques immatérielles comme des performances, il est toujours fait en sorte que des traces matérielles subsistent tels des accessoires, des vestiges ou des documentations filmiques ou photographiques.

Concernant le tableau de Banksy évoqué plus haut, on peut noter que le processus de broyage n'aboutit nullement à sa destruction complète. Au contraire, le motif de la petite fille qui tente vainement d'attraper un ballon en forme de cœur reste, même broyé, tout à fait reconnaissable – et le cœur est même complètement intact. De plus, la valeur de ce travail est augmentée parce qu'il porte dorénavant en lui le scandale historique du broyage lors de la vente aux enchères chez Sotheby's. De tels scandales, tout comme les légendes qui les accompagnent, augmentent la fascination et les convoitises. On ne peut pas, dans le cas présent, parler de destruction de l'œuvre.

Indépendamment du fait qu'il s'agisse de matériaux éphémères ou broyés, la question est toujours de mesurer une valeur qui s'est jusqu'alors soustraite à toute estimation. La zone de création de la valeur va être élargie dans le contexte de la production artistique. On veille à ce que l'immatériel, l'éphémère et le détruit soient valorisés. Cela nécessite toujours un reste matériel auquel la valeur de l'art va pouvoir être rattachée. On propose alors que cette valeur soit un *prétexte matériel*. Ainsi, on différencie des œuvres d'art considérées comme marchandises d'autres biens. Les premières sont capables de transmettre de façon convaincante que leur valeur a de la « substance », comme si elle était inhérente à l'œuvre, intrinsèque. De cette façon, les œuvres d'art nourrissent certes l'illusion mais il s'agit ici d'une *illusion matérielle et symbolique*. Justement parce qu'il s'agit, avec les œuvres d'art, de compositions uniques et symboliques qui apparaissent comme des traces matérielles d'un travail artistique composé aussi d'une œuvre immatérielle, leur prix ne connait pas de plafond de verre.

Indépendamment du fait qu'apparaissent des formes de résistance active ou passive dans les travaux artistiques, résister implique dans tous les cas qu'on fasse référence aux conditions sociales de vie et, plus encore, que les travaux artistiques soient mis en perspective avec ces conditions. Et en intégrant des contextes politiques ou sociaux, elles ajoutent un « plus » de vitalité à la valeur. En même temps, on ne doit pas non plus se représenter les processus de création de valeur comme une procédure totale emportant tout avec elle. Les travaux artistiques les plus intéressants des XXe et XXIe siècles ont envoyé des signaux indiquant qu'ils étaient conscients du potentiel de valeur ajoutée de leur démarche – soit en produisant intentionnellement des traces de leur travail vivant qui transmettent la valeur, soit qu'ils représentent leur processus d'appropriation de certains mondes vivants comme quelque chose susceptible de créer de la valeur. Certes, on ne peut échapper à la valeur par la résistance. Mais la valeur ne rattrape pas tout non plus : il est possible de la concevoir différemment, tout en gardant un œil sur son mode de fonctionnement.

[1] Aaron Sahr, *Das Versprechen des Geldes. Eine Praxistheorie des Kredits*, Hamburger Edition HIS, Hambourg 2017, p. 56.

[2] Voir André Orléan, *L'Empire de la valeur, Refonder l'économie*, Le Seuil, Paris 2011, p. 219.

[3] Si ces événements n'ont pas lieu (comme dans le cas d'un confinement lié à une pandémie), les fondements de la valeur deviennent incertains.

[4] Concernant le concept d'« attente fictionnelle », voir Jens Beckert, *Imaginierte Zukunft. Fiktionale Erwartungen und die Dynamik des Kapitalismus*, Suhrkamp Verlag, Berlin 2018. Le terme « forme-valeur » est repris d'un concept central de la théorie de la valeur chez Karl Marx pour être utilisé différemment. Pour Karl Marx, la valeur nécessite, en raison de son abstraction, une forme particulière et la forme qu'il considère en premier lieu est celle de l'argent. Dans ma perspective, les œuvres d'art représentent, à côté de l'argent, une autre « forme-valeur » que peut prendre la valeur abstraite.

[5] Voir, à ce sujet, mon entretien avec Kerry James Marshall intitulé « Wert schöpfende Figuren » et publié dans *Texte zur Kunst*, n°122, juin 2021, p. 47-74. L'artiste y livre un court résumé de l'histoire des artistes noir·e·s dans le monde des enchères.

[6] Wolfgang Kemp, « Kunstwerk und Betrachter: Der rezeptionsästhetische Ansatz », *in* Hans Belting *et al.* (éds.), *Kunstgeschichte. Eine Einführung*, Reimer Verlag, Berlin 2003, p. 247-266.

[7] Judith Butler, *The Force of Non-Violence: An Ethico-Political Bind*, Verso Books, Londres 2020, p. 11.

[8] Isabelle Graw, « Der Wert der Ware Kunst. Zwölf Thesen zu menschlicher Arbeit, mimetischem Begehren und Lebendigkeit », in *Texte zur Kunst*, n°88, décembre 2012, p. 31-79.

[9] Isabelle Graw, « Learning from Kippenberger ? », *in Texte zur Kunst*, n°117, mars 2020, p. 153-164, et « A Value-Theoretical Banksy », *in* Isabelle Graw, *Three Cases of Value Reflection: Ponge, Whitten, Banksy*, Sternberg Press, Berlin 2021, p. 47-54.

[10] Joseph Vogl, *Kapital und Ressentiment. Eine kurze Theorie der Gegenwart*, Beck, Munich 2021.

[11] Ici et suivante : Iris Därmann, *Gewaltgeschichte und politische Philosophie*, Matthes & Seitz Verlag, Berlin 2020, p. 32.

[12] Joseph Vogl, *Kapital und Ressentiment. Eine kurze Theorie der Gegenwart*, Beck, Munich 2021, p. 182.

La démocratie, c'est l'art –
L'art, c'est la démocratie
Mary Jane Jacob

Autrice et curatrice, Mary Jane Jacob défend un art public in situ et engagé, conçu comme pratique partagée et discours public par le biais d'expositions marquantes organisées aux États-Unis comme *Places With A Past* et *Places With A Future*, Charleston (1991), *Culture in Action*, Chicago (1993), et *Conversations at the Castle* pendant les Jeux Olympiques d'Atlanta (1996). Auparavant conservatrice en chef des musées d'art contemporain de Chicago puis de Los Angeles, elle a organisé les premières expositions aux États-Unis de nombreux artistes américains et européens. Examinant la relation des créateurs au public et à la société, elle a coédité, avec Jacquelynn Baas, *Buddha Mind in Contemporary Art*, University of California Press, Berkeley 2004, *Learning Mind: Experience into Art*, University of California Press, Berkeley 2010, *Chicago Makes Modern: How Creative Minds Changed Society,* University of Chicago Press, Chicago 2012, et la collection « Chicago Social Practice History Series » chez le même éditeur. Son ouvrage *Dewey for Artists* (University of Chicago Press, Chicago 2018) présente ces sujets tels qu'ils furent vécus et défendus par le philosophe américain progressif John Dewey (1859-1952). Elle organise actuellement une exposition majeure de l'artiste polonaise Magdalena Abakanowicz pour la Tate Modern, Londres, prévue en 2023. Elle est professeure à l'École de l'Art Institute of Chicago et, au sein du même établissement, directrice de l'Institute for Curatorial Research and Practice.

La démocratie n'est pas une question théorique. C'est un mode de vie, pensait John Dewey (1859-1952). Il en va ainsi parce que, pour ce philosophe, aucune théorie ne peut avoir de valeur si elle ne se voit pas mise à l'épreuve de la pratique, et chaque action doit se trouver nourrie par la réflexion. Pas de division de la pensée et du faire, de l'esprit et du corps – fût-il corps politique – professait-il. Mais cela ne s'arrêtait pas là.

La démocratie, comme la vie elle-même, n'est jamais achevée, insistait-il. Elle demeure continuellement dynamique, à mesure que nous réagissons aux circonstances changeantes de l'époque. Écrivant entre la fin du XIXe siècle et la moitié du XXe siècle, il affirmait que le changement était devenu une condition des temps modernes, en soulignant que notre implication vis-à-vis du changement était un élément fondamental de la démocratie : les idéaux démocratiques doivent être ré-imaginés dans

de nouveaux contextes tandis que nous nous réengageons
à donner une nouvelle vie à la démocratie. Ainsi, son avenir
« porte l'idée d'une reconstruction continuelle des notions
d'individualité et de liberté, dans leur liaison intime avec
les changements des relations sociales[1] ». Pour se faire, nous
devons vivre la démocratie, non pas la préserver sous forme
d'idée, mais participer à sa croissance, car il s'agit bien d'une
entité vivante.

      La démocratie en tant que pratique vécue est un art.
Pratiquer la démocratie, comme le dit John Dewey,
« peut seulement s'accomplir au moyen d'un effort inventif
et d'une activité créative[2] ». Dans son discours « Creative
Democracy—The Task Before Us » (« La démocratie
créative – La tâche qui nous attend »), il expose les défis
qu'affronte chaque nouvelle génération : donner vie aux
valeurs de notre existence et les récréer. Écrivant à la veille
de la Seconde Guerre mondiale, il parle avec passion des
nations démocratiques d'Europe dont la liberté et les vies
même de leurs citoyens sont menacées. Pendant ce temps,
aux États-Unis, il condamne les restrictions des libertés
sans cesse appliquées selon le sexe, la race ou le statut
migratoire. Parce qu'il résiste aux forces cherchant à défaire
la démocratie, d'autres viennent auprès de lui chercher
la sagesse. Il donne force aux efforts menés pour émanciper
(*empower*) le prolétariat et, par sa détermination à résister
aux érosions de la liberté et de l'égalité, les pousse à former
des organisations de protection de leurs droits. Ce travail
persiste – car la démocratie n'est jamais achevée.

Bien engagés dans un nouveau siècle, nous en sommes encore
là, jamais loin du gouffre. Nous sommes quotidiennement
affligés par de multiples catastrophes qui ne sont plus
seulement produites par les actes de dictateurs impitoyables.
Les racines de nos défis actuels se trouvent en partie dans
les vestiges du colonialisme qui demeurent présents dans les
forces capitalistes. L'amalgame de la démocratie et du
capitalisme a également fait de nous des menaces, du fait de
nos habitudes insensibles ou inconscientes. Notre mode de
vie s'est vu fortifié par le « droit à la possession » individuel,
liberté pour laquelle le mésusage et l'abus de ressources
naturelles et humaines n'est qu'un corollaire nécessaire.
La démocratie a-t-elle changé du tout au tout ?

La vie en Amérique a toujours été l'expérience d'une lutte entre les intérêts de l'individu et ceux de la société dans son ensemble ou, aujourd'hui, du bien de la planète. Pourtant, John Dewey s'est évertué à faire comprendre qu'une nature double se trouve au cœur de la démocratie : il doit y avoir un équilibre entre l'individuel et le collectif. C'est ce qu'il indique quand il écrit : « La conscience claire d'une vie communale, dans tout ce qu'elle implique, constitue l'idée de démocratie[3] ». Dans cette renégociation perpétuelle, la démocratie reste fluide et co-évolue continuellement. Elle est entre nos mains.

La démocratie est liée à tous les sujets abordés par John Dewey, et l'art ne fait pas exception. Il propose d'ailleurs ce théorème : si la démocratie est un art, alors l'art peut être un acte de démocratie. Ainsi, en pratiquant l'art de la démocratie, pourrions-nous employer l'art comme un moyen démocratique ? L'art peut-il nous aider à réaliser les objectifs de la démocratie ?

La comparaison inédite de John Dewey entre les domaines de l'art et de la démocratie est mûrement réfléchie. Elle commence par cette thèse : l'expérience esthétique est essentielle à la vie. C'est ainsi que nous éprouvons *pleinement* le monde. Il désigne ainsi une expérience qui transcende l'ordinaire et s'avère significative parce qu'elle touche à nos valeurs – et cela comprend les valeurs démocratiques. Nous faisons de telles expériences esthétiques dans le cours de notre vie quotidienne, mais elles sont aussi l'objectif spécifique de l'œuvre d'art. Ces expériences ont le potentiel de nous changer tandis que nous percevons un domaine plus vaste que le nôtre, qui nous grandit aussi bien comme êtres humains que comme société.

John Dewey considère un autre principe en établissant un fil conducteur dans sa comparaison entre l'art et la démocratie : il s'agit dans les deux cas de pratiques incarnées, vécues. Les artistes vivent leur travail et l'incorporent à leur être même pour qu'il devienne un mode de vie. Ainsi nous faut-il vivre donc la démocratie, non seulement l'assumer comme forme de gouvernement ou la tenir pour un système de croyance, mais continuellement s'y engager et la recréer. Nous ne vivons pas tant *en* démocratie que nous vivons la démocratie. De plus, les expériences transformatives que permettent les pratiques incarnées de l'art et de la démocratie sont des éléments critiques du changement parce qu'y repose du potentiel. Parce que l'art nourrit de telles expériences, John Dewey y voit un moyen utile.

John Dewey est d'une grande radicalité à ce sujet : il croit que l'art peut nous aider à devenir de meilleurs citoyens et, ainsi, bâtir une société démocratique plus forte. Et, en tant que progressiste social convaincu qui définit largement ce mouvement aux États-Unis, il promeut les expériences esthétiques susceptibles de nous mener à cette fin utile. Ainsi, l'appréciation artistique a-t-elle, pour lui, une dimension morale et politique. Mais de quelle manière l'art peut-il exactement jouer un rôle dans le progrès social ?

Tout d'abord, les artistes animent le monde par la singularité de leurs points de vue critiques et perspicaces. Au moyen de leurs inventions, ils résistent aux conventions. Parfois, cela leur confère un message politique, une défense de nos libertés, et ce que nous appelons l'« art contemporain » qui, par nature, est entre les mains de l'artiste et non d'une quelconque autorité, procède rarement autrement. En mettant hors de ses gonds, par la provocation, la société pour perturber le statu quo, révélant ainsi nos maux afin de provoquer un réajustement social, certains artistes représentent une incarnation contemporaine du mythique farceur (*trickster* – les anthropologues utilisent le terme de « décepteur », soit celui qui trompe). En résistant à l'ossification et au dépérissement de la démocratie, les artistes-décepteurs fournissent à la société la flexibilité nécessaire pour se réexaminer et croître plus sainement. Dans leur résistance gît l'espoir d'un changement positif. Il nous est donc possible de supposer que John Dewey soutiendrait les artistes engagés et soucieux de la société qui affirment aujourd'hui la nécessité d'estimer l'autre dans sa différence et de vivre la démocratie.

L'art comme forme de résistance incarne une ouverture à réexaminer. Quand nous rencontrons ces œuvres et faisons ce que John Dewey appelle *une expérience*, nous sommes transformés. Parfois, quelque chose de sensationnel ou d'extravagant peut provoquer la reconsidération de nos présupposés. Le grand aboutissement de tout cela n'est pas seulement l'acquisition d'un savoir ou la modification d'une opinion mais, comme nous le dit John Dewey, un gain collectif de conscience. Et, pour lui, une plus grande conscience nous permet de percevoir, parfois pour la toute première fois, les conséquences de nos actions. Si les valeurs démocratiques nous sont vraiment chères, si nous les incarnons vraiment quand nous pratiquons la démocratie, alors nous en venons à saisir ce qui est aujourd'hui nécessaire au fonctionnement d'une société démocratique. Bien que ce soit à nous qu'il nous revient d'agir, John Dewey croyait tout de même fermement que l'art pouvait nous pousser à résister.

En deuxième lieu, John Dewey comprend que l'art a une capacité exceptionnelle à susciter l'empathie, à nous faire entrer dans la condition même d'autrui. Comme nous partageons dans une certaine mesure son expérience, nous devenons plus conscients. C'est sur cette fondation que se crée une culture plus attentionnée, croit-il, et l'art peut nous y faire parvenir. C'est ce que nous retrouvons aujourd'hui dans l'exigence de représentations de la diversité, propres à enrichir le spectre de nos politiques identitaires. Les antagonismes s'intensifient, puis explosent. Des deux côtés de ce conflit, on trouve des résistances. Mais c'est à cela que ressemble le changement. Avoir à reprendre ce chemin ardu, aujourd'hui encore, n'étonnerait pas John Dewey. Il vivait il y a un siècle quand le racisme et les préjugés ethniques, entre autres, faisaient ressortir le pire en nous. Nous pouvons voir l'histoire en termes de progrès, ou même de régression, mais nous n'en voyons jamais la fin.

En troisième lieu, l'imagination – aussi bien comme tremplin du travail de l'artiste que comme imaginaire éveillé chez le spectateur – représente la grande contribution singulière de John Dewey à l'art. Il écrit : « Les premiers mouvements de mécontentement et les premières allusions à un avenir meilleur se trouvent toujours dans les œuvres d'art[4]. » Ainsi parlait-il non pas d'un imaginaire politique ou social, mais de la réalité du maintenant, quand l'imagination nous offre l'espoir d'accéder à une réalité possible. Celle-ci est déjà présente dans l'art et l'art peut nous aider à l'atteindre.

J'ai passé une grande partie de cette dernière « année-covid »
à encadrer un groupe d'étudiants en post-diplôme de l'École
de l'Art Institute of Chicago, engagés de manière artistique
sur la question continuellement menaçante de la prolifération
des armes nucléaires[5]. Nous avons commencé par nous
demander : pourquoi cette question a-t-elle de l'importance
quand il existe tant d'autres problèmes pressants ? Que
peuvent faire les artistes ? Quel rôle l'art peut-il jouer pour
éliminer cette menace existentielle de la face du monde ?
En venir à tenir à cœur cette question fut tout un processus
pour ceux d'entre nous qui – comme moi – n'étions pas
de longue date des activistes anti-nucléaires ou anti-bombes
atomiques.

Curieusement, nous avons découvert que les experts
scientifiques et activistes éminents que nous consultions
n'étaient pas seulement disposés à soutenir nos efforts mais
qu'ils étaient également prêts à miser sur l'art comme
agent de changement. Ils voyaient son potentiel à changer
les esprits et faire évoluer les perceptions. Depuis 1947,
notre partenaire, le Bulletin of the Atomic Scientists de
l'Université de Chicago, supervise l'Horloge de l'Apocalypse
par laquelle se mesure notre risque d'être annihilés par
des armes nucléaires. Elle dit actuellement que nous sommes
à 100 secondes avant minuit.

Nous avons été rejoints et encouragés par Pedro Reyes
qui, avec son projet *Amnesia Atómica* (depuis 2020), avait
capté notre imagination. Cet immense champignon nucléaire
gonflable sert de pièce maîtresse pour des manifestations
et autres activités en faveur du désarmement. Présenté pour
la première fois à Mexico en février 2020, nous avons travaillé
à sa présentation à Times Square, New York, en août 2020
durant la conférence du Traité sur la non-prolifération des
armes nucléaires de l'Organisation des Nations unies. Mais
en juin, nous avons dû la reporter à cause de la pandémie.

Nous devions changer notre fusil d'épaule ou
renoncer. Nous nous repliâmes sur l'Université de Chicago
où une sculpture de Henry Moore, *Nuclear Energy* (« Énergie
nucléaire », 1964-1966), marque le site de la première
réaction nucléaire réalisée par Enrico Fermi en 1942. Nous
ne nous attendions pas à trouver une alliée dans cette
œuvre moderniste mais nous avons appris qu'Henry Moore
avait initialement intitulée sa sculpture *Atom Piece* (« Pièce

atomique ») – jeu de mot sur *peace* (« paix ») – mais son acte
de résistance fut rejeté par un universitaire du comité.

Puis nous avons développé une collaboration étroite
avec la performeuse Eiko Otake (*1952). Nous avons étudié
ses recherches complexes sur l'usage des armes nucléaires
par les États-Unis et sur le désastre de Fukushima au
Japon. Le 7 août, entre les anniversaires des catastrophes
d'Hiroshima et de Nagasaki, sa performance représentait
le point culminant de nos efforts. Pendant ce temps,
de nombreux autres projets corollaires ont été développés
par les étudiants sur une période de plus de deux mois
puis présentés avant et pendant ce week-end.

Permettez-moi de conclure en décrivant deux moments qui
témoignent de la détermination et de la créativité requises
par un acte de résistance. Le premier s'est produit en plein
cœur de notre programme estival. La germination rapide
d'idées courait le risque de sombrer dans la confusion. Quel
message le public pourrait-il bien en retenir ? Les étudiants
se sont réunis pour se poser cinq questions : qu'est-ce qui
nous inspire le plus là-dedans ? En quoi cet événement est-il
différent ? Qui est notre public ? Quel effet voulons-nous
avoir sur le public ? Que voulons-nous que le public fasse ?
Mais c'est la réponse à la première question qui s'est avérée
leur guide : ce qui les inspirait le plus, c'était la possibilité,
la possibilité de produire un changement.

Le second événement s'est produit le 6 août 2021,
quand nous avons rencontré en personne, pour la première
fois, un petit groupe de personnes âgées qui, depuis les
années 1960, se réunissent annuellement devant la sculpture
d'Henry Moore au jour et à l'heure où la première bombe
fut lancée sur Hiroshima. Cette commémoration est une
action de résistance alors qu'ils appellent au désarmement
et à l'interdiction des centrales nucléaires. Cette année,
ils ont changé de site afin de nous faire de la place. Ils ont
donc décidé de se réunir sur la Federal Plaza de Chicago, où
le « stabile » rouge d'Alexander Calder, *Flamingo* (« Flamant
rose », 1974) produit une ambiance très différente de leurs
affiches, prospectus et discours. Nous trouvions leur stratégie
démodée face aux projets de réalité augmentée, de filtres
sur les réseaux sociaux, de campagnes par Instagram
et de sites Web conçus par les étudiant·e·s, ou encore des

mouvements sophistiqués d'Eiko Otake. Mais quand nous nous sommes retrouvés devant la sculpture d'Henry Moore le lendemain, ils sont restés pour toute la durée de l'événement, en participant pleinement et en assistant aux trois performances d'Eiko Otake. Nous pouvons dire qu'ils ont trouvé de l'espoir dans l'art de la résistance et le désir de changement d'une nouvelle génération et, peut-être, mené une expérience esthétique à la Dewey. Avec un peu de recul, je peux même dire avoir moi aussi fait une expérience transformatrice en les voyant occuper d'une nouvelle manière ce site qui leur était si familier. Ils représentaient l'incarnation même d'une résistance persistante. Et, à cet instant, nous participions tous d'une réalité plus vaste, peu importe la petitesse de nos gestes.

[1] John Dewey, « The Future of Liberalism », *Journal of Philosophy*, n°32, avril 1935, p. 228.

[2] John Dewey, « Creative Democracy—The Task Before Us », *John Dewey and the Promise of America*, Progressive Education Booklet, n°14, American Education Press, Columbus 1939, p. 13.

[3] John Dewey, *The Public and Its Problems*, Henry Holt, New York 1927, p. 149.

[4] John Dewey, *Art as Experience* [1934], in *L'Art comme expérience*, Gallimard, Paris 2010, p. 551.

[5] Intitulé *Imagining the Invisible* (« Imaginer l'invisible »), ce programme de l'Institute for Curatorial Research and Practice de l'École de l'Art Institute of Chicago était dirigé par Alan Labb, Pedro Alonzo et Mary Jane Jacob. Maysam Al-Ani, Elise Butterfield, Hugo Juarez, Vince Phan, Robert Pierce, Sofia Sanchez et Taylor Shuck étaient responsables de l'événement de l'été 2021, *Start A Reaction* (« Déclencher une réaction »).

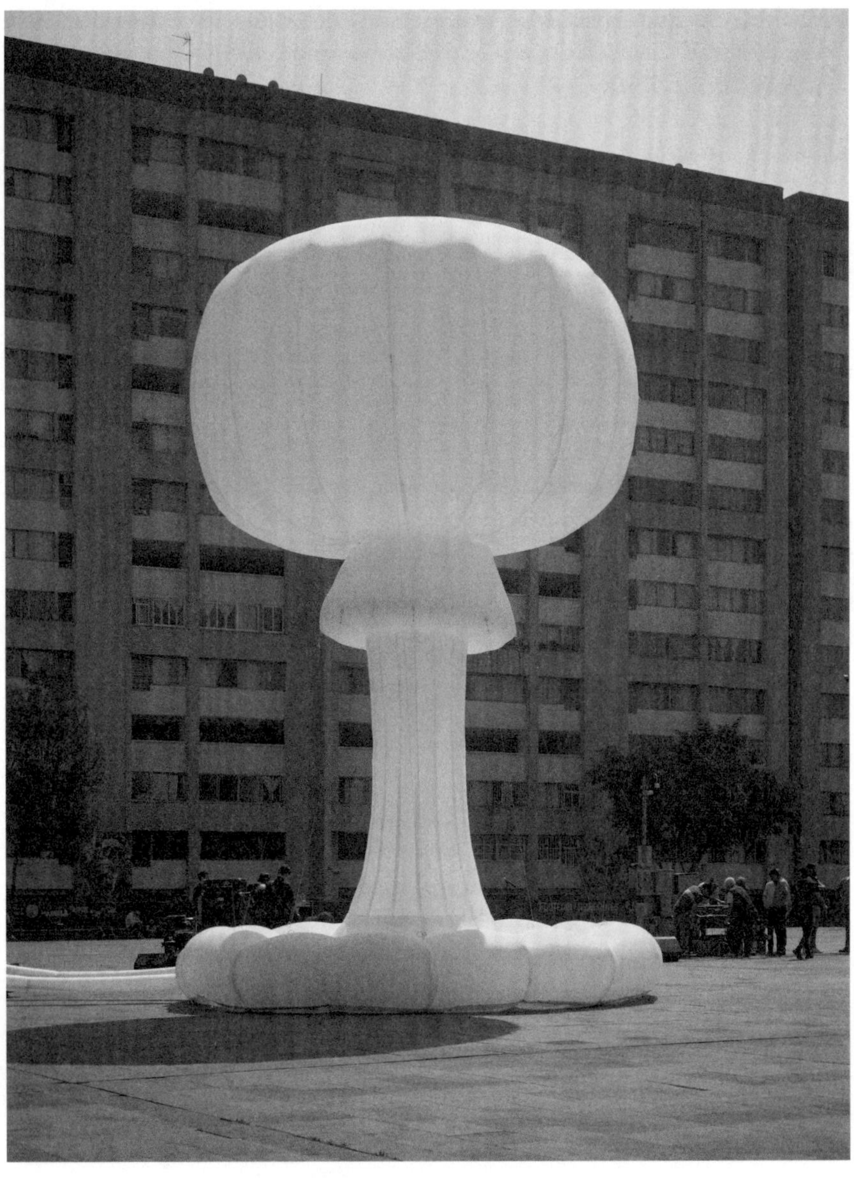

Pedro Reyes, avec Carla Fernandez
Amnesia Atómica, Plaza de la Tres Culturas, février 2020

Ce qui nous fait résister
Plínio W. Prado

Plínio W. Prado est philosophe, essayiste, professeur émérite à l'Université Paris-VIII. Ses travaux se situent à la croisée d'une pensée de l'écriture – philosophique, mais aussi littéraire et artistique – et des exercices de soi, avec pour enjeu général : « vivre selon les nuances que nous apprend l'écriture. » S'y déploie ainsi une ligne générale de résistance « esthétique » et éthique, sinon politique, à l'annexion techno-industrielle des intimités. Il a consacré près de 250 écrits et études à ces questions dont « *Sistere* (Proust et l'aspect tonal) », 1997 ; *Das Prinzip Universität & Ein in der Universität verirrter Poet: Wittgenstein und die Erfindung der "Non-lectures"*, Diaphanes Verlag, Zurich/Berlin 2010 ; « Érotique de la relation enseignante », 2020. Un ouvrage collectif lui a été consacré : *De l'art d'enseigner. Essais sur le travail de Plínio Prado*, Edilivre, Paris 2018. Il a également enseigné au Collège International de Philosophie et à l'École des Hautes Études en Sciences Sociales (EHESS), Paris, ainsi qu'au sein de nombreuses universités dans le monde.

<u>I.</u>

Il y a donc de la résistance, encore.
Hinc ha hora : ici à cette heure.
Au premier quart du XXIe siècle.
En un monde où le moins que l'on
puisse dire, c'est que nous sommes
aux antipodes de ce qu'espéraient
et projetaient, dans leur optimisme
triomphant, les Européens de la fin
du siècle des Lumières, le siècle de
la Révolution et de la Déclaration
des droits de l'homme et du citoyen.

Emmanuel Kant avait nommé
« enthousiasme » l'*affect* – esthétique
et même sublime – qui donnait
alors le ton de l'époque, du côté
des peuples à l'occasion de la
Révolution. Ce qui ferait « signe
d'histoire », indice que les humains,
sensibles aux idéaux d'une communauté républicaine, progressaient
vers le mieux.

C'était un nouage admirable,
heureux et privilégié, entre l'esthétique et l'historico-politique.

Que reste-t-il de l'enthousiasme
aujourd'hui ? En proie à un

développement mondialisé dont l'enjeu de toute évidence n'est pas l'humain ni le progrès, aux prises avec la « crise de l'histoire » et désormais les catastrophes globales annoncées – sanitaires, sociales, écologiques –, quel *affect* donnerait le ton de notre époque à présent ? Le chagrin ? La mélancolie ? L'asthénie ? L'angoisse ? Le désespoir ?

2.

Un affect esthétique sublime, partageable publiquement et faisant signe d'histoire, attestant une sensibilité aux Idées et témoignant, par là même, que nous sommes en progrès vers le mieux, n'est-ce pas ce qui fait défaut aujourd'hui ?

Pourtant, alors que les passions tristes nous guettent, quelque chose résisterait encore et ferait résister. Ça « tiendrait » dans le temps, résistant au temps. Sur le champ social et politique, comme dans l'ordre de la sensibilité dite « esthétique » – encore que très diversement selon l'une et l'autre de ces dimensions, foncièrement hétérogènes.

Le système dans lequel nous vivons ou survivons – quelque nom qu'on lui donne : développement techno-scientifique, capitalisme cognitif, néolibéralisme globalisé aux penchants néo-fascisants – a beau chercher par tous les moyens à intimider cette force de résistance, à la briser ou à la brider : elle ressurgit quand même toujours, parti-culièrement là où elle n'était pas attendue. Telle une fleur saxifrage, elle fait irruption au sein de la survie inane, signalant qu'il y a *autre* chose que ce qui est et ce que l'on est – *autre* chose que la vie adaptative, administrée, sans l'horizon d'une promesse ou d'un appel, née pour mourir. D'autres formes de vie restent alors possibles.

Face aux désillusions successives envers la Révolution – sociale et politique, culturelle, esthétique – deux siècles durant, la force de résistance n'aura pourtant pas cessé d'insister. Tournant majeur : lorsqu'au début du XIXᵉ siècle, la pensée hégélienne rendait le verdict de ladite « fin de l'art » (« L'art pour nous est chose du passé »). Et voilà que l'irruption des avant-gardes artistiques et littéraires survenait cependant, montrant qu'un art de l'au-delà de l'art (du beau), un art du sans-forme, persiste toujours (nonobstant les persécutions des systèmes totali-taires et les menaces du marché culturel).

Il est remarquable que, depuis la déception à l'égard de la Révolution et du politique institué, ouvrant l'immense crise de l'historico-politique dans laquelle nous baignons toujours, les tâches et les espérances attachées à la *révolution politique* aient été déplacées, transférées vers la résistance et, plus précisément, vers la *résistance artistique*.

Ce transfert du politique à l'esthétique a été, selon des modulations diverses, un geste récurrent pendant deux siècles de pensée moderne et contemporaine, de Friedrich von Schiller, dont les *Lettres sur l'éducation esthétique de l'homme* (1794) fut la première grande lecture de la *Critique de la faculté de juger*, à Theodor W. Adorno, Jean-François Lyotard et au-delà.

<u>3</u>.

Un *reste* en souffrance (même famille que *stare* et *sistere*) résiste, insiste toujours donc, y compris au sein de grandes adversités, souffrant de rester inexprimé ou inexprimable.

Mais qu'est-ce qui peut demander ainsi à être exprimé, et qui espère et désespère tant qu'il ne peut pas l'être ? Qu'est-ce *cela* qui cherche à être mis en forme, quitte à faire reculer les limites de la culture des jeux de langage en vigueur ? D'où vient cette force de résistance au déjà exprimé, voire à l'exprimable ?

L'art, la littérature, la pensée nous apprennent que cette insistance est constitutive de l'humain, pour autant que celui-ci est habité ou hanté par quelque chose qui, *en* lui, est *autre* que lui et l'*excède*. De même que cela excède ce que les jeux de langage permettent d'exprimer ou de mettre en forme à un moment donné.

On peut objecter néanmoins que ce qui n'est pas exprimé, mis en forme, *n'est pas* – un minimum de forme étant en effet nécessaire pour que quelque chose puisse nous apparaître. Comment alors un tel *reste*, cet *excès*, peut-il seulement être possible ? Comment peut-on savoir qu'il y a un quelque chose qui… n'est pas ?

Cette question est celle même à laquelle se heurte le narrateur au seuil de la *Recherche du temps perdu* (1913-1927). Dessaisi par la rencontre inattendue avec une saveur, et l'affect « puissant » mais obscur qu'elle suscite, Marcel avoue à ce moment la « grave incertitude » : l'esprit « est en face de quelque chose qui n'est pas ».

Cela semble plus redoutable que la question de l'étonnement originaire, radical, leibnizien, qui demande : « pourquoi y a-t-il quelque chose plutôt que rien ? » Car ici, c'est le « quelque chose » lui-même qui *n'est pas*. Un quelque chose qui (n')*est rien* ! *Contradictio in adjecto*.

À la limite de l'inconsistance apparemment. Cette phrase contient cependant en elle-même la réponse à l'objection. Elle se laisse en effet décomposer en deux propositions. À l'instant où la saveur est goûtée et que le narrateur « tressaille » d'un « plaisir délicieux » et incompréhensible : (1) *il n'y a rien*, puisque ce qui s'y passe n'est pas encore réalisé, mis en forme (il appelle plutôt l'œuvre qui viendra le « créer ») ; mais en même temps (2) *il y a* quelque chose, puisque quelque chose s'y passe : un affect y résonne déjà, qui fait précisément trembler le narrateur alors. Cet instant, divisé entre le *pas encore* (le rien) et le *déjà là* (d'un retentissement, d'une vibration), est ce qu'on appelle une inspiration.

C'est par l'affect, donc, que nous sommes avertis de la « présence » d'un reste inexprimé, un excédent informe en attente de sa forme ?

Au seuil entre le sans-forme (l'inarticulé) et le langage, l'affect est en résonance intime avec cet excès qui, dans l'humain, le « dépasse infiniment ». Ce qui, en lui, n'est pas humain donc, tout en lui étant constitutif. Son *no man's land* à l'intérieur, écrit Nina Berberova. Cela y « siste » et insiste à son insu. Cela commande sa manière, chaque fois absolument singulière, d'être touché par ce qui arrive. Cela peut le faire délirer ou souffrir, mais aussi aimer, penser, écrire et résister.

4.

La littérature, l'art et la pensée ont toujours témoigné de ce dessaisissement intrinsèque de l'humain – d'où les œuvres viennent et ne cessent de venir. (Les vrais livres, lit-on dans le *Temps retrouvé*, sont « les enfants de l'obscurité et du silence ».)

À l'époque du déclin des humanismes, la séquence de pensée qui va du *Faust* (1790) de Johann Wolfgang von Goethe à l'œuvre de Friedrich Nietzsche (1844-1900) et au-delà, en vient à poser que l'humain n'est humain que pour autant qu'il assume et élabore ce qui, en lui, va au-delà de lui, l'excès dit, son inhumanité constitutive.

On comprend, dans cette perspective, le sens du rôle majeur que Theodor W. Adorno reconnaît aux œuvres d'avant-garde : « L'art n'est fidèle aux humains que par son inhumanité à leur égard ».

Excès, *no man's land*, *inneres Ausland*, région étrangère à l'intérieur sont ici autant de façons de nommer la chose inhumaine, innommable. L'absolu que chacun abrite en soi à son insu. Ce qui résiste et fait résister à tout travail de mise en forme, en scène, en mots, en représentation, et est l'enjeu explicite de l'art après le *sublime*.

C'est de cet *excès* que témoigne déjà évidemment la tragédie grecque. L'*Antigone* de Sophocle (441 avant J.-C.), par exemple, qui nomme cela *deinon* : « Il n'existe rien de plus *deinon* que l'homme ». Le mot a une diversité de sens hétérogènes. Il détermine en tant que tel le trait essentiel de l'humain, dont l'être « propre » serait d'être requis par un désir d'illimitation à se dépasser lui-même, en franchissant les limites de son « humanité ».

Du point de vue du motif qui nous préoccupe, celui d'un excès à l'intérieur, sa traduction par le nom de *Unheimliche* (l'inquiétant au sein du familier), proposée par Karl Reinhardt et Martin Heidegger, touche à l'essentiel.

Le terme dénote en outre l'angoisse qui est au cœur de la pensée existentielle-ontologique et de l'épreuve originelle de l'existence authentique. Il nomme aussi bien, comme le notait Sigmund Freud de son côté, l'objet même de la psychanalyse.

Le mot est parent encore de l'autre nom que Friedrich Hölderlin choisit pour traduire *deinon* : *Ungeheure* (le monstrueux, le prodigieux, le terrifiant). Martin Heidegger souligne cependant que les deux noms, *Unheimliche* et *Ungeheure*, disent finalement la même chose.

Ce dernier désigne justement, dans l'esthétique d'Emmanuel Kant, un objet dont la grandeur incommensurable suscite l'émotion sublime.

Il renvoie par ailleurs à l'épreuve par excellence du *Faust* de Goethe : le frisson de terreur que l'homme éprouve au plus profond de lui-même devant le *Ungeheure*.

<u>5</u>.

C'est cela, un excédent inhumain au sein de l'intimité et inquiétant celle-ci, qui appelle originairement l'écriture tragique, et plus généralement littéraire et artistique (étant entendu que l'on peut écrire et expérimenter sur tous les supports, avec tous les médiums : graphite sur papier, photons sur pellicule, pixels sur écran électronique, geste dans l'espace…).

En méditant sur la figure d'Antigone – celle qui demeure fidèle à son désir inconditionnel, qui est un désir d'absolu –, Jacques Lacan finit par formuler la maxime de l'éthique, par-delà la tradition de l'éthique philosophique humaniste. Plaçant la chose étrangère et intime, *extime*, au cœur de l'éthique, il centre celle-ci sur l'idée de résistance à tout ce qui essayerait de faire céder ce qui, en soi, est l'inconditionnel inconnu de soi : « Ne cède pas sur ton désir ». Autant dire : ne monnaye pas ce qui, en toi, « siste » à ton insu et résiste par excellence.

En même temps, cet inhumain devient ici, à l'instar de Theodor W. Adorno, l'enjeu par excellence de l'œuvre d'art, puisque, insiste-t-il, il n'y a d'éthique que soutenue par une esthétique.

L'implication qu'il en tire, sinon politique du moins éthique, en est considérable : « Le désir, ce qui s'appelle le désir suffit à faire que la vie n'ait pas de sens à faire un lâche ».

C'est que le désir inconditionnel peut « passer chez un être moral au rang d'*impératif catégorique* ». Ainsi dans la maxime de Juvénal, que cite Jacques Lacan : « Considère comme l'infamie suprême de préférer l'existence à l'honneur, et de perdre, pour sauver ta vie, ce qui est la raison de vivre. »

Cette conception tragique, analytique, antigonéenne de l'éthique peut et a effectivement pu, à l'occasion, appeler à la désobéissance civile (au sens de Henry David Thoreau : figure paradigmatique, s'il en est, de la résistance politique ou éthico-politique).

6.
—

Un travail de soi sur soi qui s'occupe de l'*autre* du soi, l'*excès*
dont nous parlons, qui y prête l'oreille et en prend soin,
a par conséquent une double portée.

Éthique : cela n'est pas matière à connaissance,
mais permet d'élaborer une orientation quant à sa conduite
et à sa vie, de manière à faire hommage à son existence
singulière. L'écoute de l'*autre* en soi, c'est la dernière
boussole du survivant.

Esthétique – ou plutôt, *anesthétique* : cela appelle et peut
inspirer une écriture qui soit à même d'essayer d'égaler cet
excès, la chose inhumaine à penser. Écrire, notait Marcel à
propos de la phrase musicale, c'est rester « inconsciemment
accordé » à la région originaire et étrangère chez soi,
toujours déjà oubliée et inoubliable.

Résister, c'est ne pas céder, ne pas fléchir mais se
dresser, tenir debout, faisant face à un obstacle, tenant
tête à une force antagonique. Depuis *sistere* en latin,
en remontant à travers le grec *stasis* jusqu'au radical *stā-*,
le schème régissant ce champ sémantique est celui de la
verticalité : la station droite, être debout, en prenant
pied, stable.

Le radical *sistere* indique l'affinité originaire,
essentielle, entre *resistere* et *exsistere*, c'est-à-dire : se tenir
debout en sortant, en se manifestant, en s'ouvrant à, voire
en sortant de soi. Comme dans *extasis*.

Il faut souligner tout de suite que cette maxime de
la verticalité n'exclut pas la ruse paradoxale dont fait état le
roseau, dans la fable *Le Chêne et le Roseau* : face à l'attaque du
vent impétueux et violent, il se plie pour mieux se maintenir
dressé. Il déjoue et *retourne* ainsi l'opposition frontale que
lui imposait l'adversaire, pour se retrouver toujours debout à
la fin. Le principe de rétorsion (*strophè*), que le roseau fait
valoir au chêne, est celui de la force du faible, de la souplesse
des petits. Celui même que la guérilla des résistants oppose
à la lourdeur de l'armement des forces de l'État.

Chacun sait que le roseau est l'image pascalienne par
excellence de la condition humaine, selon la combinaison
de fragilité et de force qui la constitue. « L'homme n'est
qu'un roseau, le plus faible de la nature… » ; mais, justement,
« c'est un roseau pensant ». L'élément le plus misérable de

la nature, physiquement et moralement, est celui qui est
supérieur à cette nature ; car cet être précaire sait sa
faiblesse et sa finitude, tandis que la nature n'en sait rien.

Il y a là le paradoxe, cartésien, augustinien, d'un
contenu plus grand que son contenant, d'un être fini qui
contient en lui l'idée d'infini. *Interior intimo meo* : tu es « plus
intérieur que mon intimité et plus élevé que mes sommets ».
La tension verticale y est au maximum, où hauteur et
profondeur coïncident. Il faudrait l'élaborer en relation avec
l'idée proustienne de l'engendrement des œuvres, eu égard
à notre sujet : « comme dans les puits artésiens, [les œuvres]
montent d'autant plus haut que la souffrance a plus profondément creusé le cœur. »

7.

Que l'être le plus débile soit en même temps celui qui est
apte à l'absolu, ce renversement de l'infime en infini
– opération de la résistance par excellence –, c'est la *strophè*
même du sublime, que nous retrouverons dans l'Analytique
kantienne.

Le roseau pascalien, promis au sublime, donne son
nom au titre du roman de Nina Berberova, *Le Roseau révolté*
(1988). En fait, l'originel russe dit plus exactement : le roseau
pensant (Мыслящий тростник). Mais le déplacement du
russe en français est en lui-même intéressant, car il traduit
ou trahit l'affinité intime entre pensée et révolte ou entre
pensée et résistance.

Le roseau berberovien tire sa force, sa ressource,
non seulement de ce qu'il sait, mais aussi et surtout de ce
qu'il ne sait pas, de ce qu'il sait ne pas savoir. Il sait qu'il y
a de l'*insu*, ce qui, en lui, est plus que lui, sa région inhumaine « à l'intérieur ». Il le désigne du nom de *no man's land*.
« Depuis ma prime jeunesse, je pensais que chacun, en ce
monde, a son no man's land… » « Il y a l'existence apparente,
et puis l'autre, inconnue de tous, qui nous appartient sans
réserve. » Dans cette « existence secrète », chacun « vit dans
la liberté et le mystère ».

Point important : de telles heures secrètes « peuvent
être joie, nécessité ou habitude, en tout cas elles servent à
garder une *ligne générale* ». Le déplacement est décisif : la
« ligne générale » n'est pas celle qui est désignée par le Parti

(celle qui donne son nom au titre du célèbre film de Serguei
Eisenstein). Elle est celle que j'élabore à même mes heures
secrètes, auprès de l'autre inhumain au-dedans.

Et seule cette ascèse peut inspirer à une écriture
l'approche de la chose innommable qui se dérobe et dont il
s'agit de s'aventurer à porter témoignage.

« Soit dit en passant, précise la narratrice, l'Inquisition
ou l'État totalitaire ne sauraient admettre cette seconde
existence qui échappe à leur contrôle. »

8.
—

Ces quelques brèves considérations sur la chose intraitable,
à la fois intime et étrangère, l'excès inhumain que l'humain
abrite en soi, visaient à baliser à gros traits les sources
et ressources de la résistance, et plus précisément de la
résistance artistique – ou plutôt : de l'*artistique* comme
résistance.

Cela en vue de circonscrire ses enjeux propres, ses
défis, ses atouts et ses chances *dorénavant*, dans le contexte
général qui est celui de notre sort actuel.

À partir de cette base, les quelques remarques qui
suivent devront permettre de compléter ce qui précède en
en cernant davantage l'enjeu à présent.

(1) Même sans confronter la réalité de ce début de
XXIe siècle avec les promesses qui animaient la fin du
siècle des Lumières, il saute aux yeux que nous baignons
aujourd'hui dans une *désorientation générale* – éthique et
historico-politique, technoscientifique, culturelle et
civilisationnelle.

Nulle « cause », finalité ou but de vie n'est désormais
véritablement et durablement crédible. L'incroyance,
la défiance, le scepticisme sont généraux ; le « nihilisme
européen », occidental, globalisé, s'accomplit aujourd'hui.

C'est sur cette vague de *désorientation générale* que
surfent, tout à la fois, la gestion technocratique des affaires
du système (en quoi se résume aujourd'hui la politique des
pays développés), les extrémismes religieux et les extrêmes
droites, avec leur cortège de climato-négationnistes
financés par les sociétés pétrolières, l'agrobusiness et les
tech-milliardaires de Silicon Valley.

Cette désorientation est certes le pendant de la disparition de l'horizon *historico-politique* d'une grande alternative, radicale, décisive au monde comme il va, concomitante de l'hégémonie sans partage de l'ordre libéral mondial, depuis 1989 (repère emblématique).

Un horizon, un champ de possibles ouvert jusqu'alors à la pensée et à l'action, s'est dissipé.

(2) À cet égard, l'avènement de la crise sanitaire mondiale en 2020, due à la pandémie du coronavirus SARS-CoV-2, avec ses millions de morts et de « séquellés », aura exposé et creusé davantage la désorientation générale. Elle a ébranlé encore ce que nous croyons *savoir* et *pouvoir* attendre au sujet du seuil de stabilité des systèmes énergétiques complexes (sanitaires, immunitaires, sociaux, écologiques, économiques, informationnels, psychiques).

Elle aura donné lieu en outre à un supplément de souffrance, ajouté par l'exploitation politique la plus cynique, malthusienne, darwiniste-sociale, eugéniste.

L'incertitude existentielle est, désormais, la chose du monde la mieux partagée.

Il est entendu que la pandémie du coronavirus est une maladie de l'Anthropocène. Elle fait partie de la crise mondiale de nos formes de vie – de connaissance, d'action, d'expression – et partant de leur devenir, et de ce qui nous est permis dorénavant d'en espérer. Elle est, en somme, un dernier révélateur de la faillite de la civilisation moderne, à l'ère de l'effondrement de l'écosystème terrestre.

(3) Il convient sans doute d'étendre la question de l'Anthropocène à la problématique de l'art, et plus exactement à celle de l'art du sublime.

Ce qui est explicitement en jeu avec le sublime, c'est le désastre de la relation entre la nature et l'esprit, la ruine de leur affinité charnelle, dont le plaisir à l'occasion de belles formes était la manifestation accomplie. Désastre de l'*aisthesis*, de la faculté de sentir et d'imaginer, qui ouvre en grand la question de l'*insensibilité*, d'une aptitude à être affecté par des qualités sensibles (leitmotiv cher à Walter Benjamin, Theodor W. Adorno, Jean-François Lyotard, mais aussi à Ludwig Wittgenstein, et point de départ évidemment des arts d'avant-garde).

Or ce désastre trouve son pendant empirique dans le bouleversement de la relation des humains à l'étendue terrestre, à l'*oïkos*, à l'*écoumène*, bouleversement qui a lieu éminemment avec la modernité et le programme de se « rendre comme maîtres et possesseurs de la nature ». Tout ce qu'on a décrit sur la « perte du paysage » et sur le « dépaysage » à l'âge moderne en disait déjà long, bien avant le collapsus écologique d'aujourd'hui.

Cette modernité se détermine justement en ceci que, selon le mot d'Emmanuel Kant, « l'esprit est appelé à se détacher de la sensibilité ». Dans le contexte de la *Critique de la faculté de juger*, ce mot définit le sublime. Mais il vaut aussi évidemment pour la révolution scientifique moderne, galiléenne, et l'avènement du mathématique (le principe du *mente concipio*).

(4) Ce qu'il importe de souligner dans ce contexte, eu égard à la question de la condition artistique, c'est que l'hégémonie de l'entendement technoscientifique et industriel, donc la domination du concept et du calcul, n'est jamais allée aussi loin en extension et en pénétration dans les esprits, et partant dans la destruction de l'*aisthesis*.

Elle s'insinue désormais jusque dans le secret des intimités, dans la région inhumaine évoquée ici, là où chacun abrite à son insu ce *reste* muet, un quelque chose qui, *en soi*, *insiste* et *excède* le soi, résiste et le fait résister, écrire, penser.

D'où l'angoisse. Car si tout n'est que concept, calcul et échange (au sens de la loi de la valeur), s'il n'y a pas l'énigme d'un *autre*, non concevable ni échangeable, qui fait signe cependant dans les œuvres tout en les *excédant* (sans être ailleurs qu'*en* elles), alors cela voudrait dire que c'est le système lui-même qui, finalement, par le truchement des artistes et des écrivains, produirait et s'adresserait les œuvres.

La fin de l'art, au sens dit, serait en train de se réaliser sous les dehors de l'essor de l'industrie de l'art et de la circulation des « œuvres » sur le marché de la culture. L'artistique comme résistance, oublié, cesserait d'avoir lieu. On sait qu'une telle reddition de l'art est une possibilité historique. (Voir par exemple, au milieu du XIXe siècle déjà, les réflexions qui occupent et préoccupent les journaux intimes de Charles Baudelaire.)

(5) C'est ici qu'il faut reprendre encore l'Analytique du sublime que déploie la *Critique de la faculté de juger*.
En soulignant qu'elle dresse le diagnostic de cette condition artistique, la nôtre, tout en y proposant une médication. Mieux encore : la médication découle directement du diagnostic. En ce sens, l'Analytique du sublime contient ce qu'on peut appeler une axiomatique de la résistance artistique.

Le sublime est l'émoi dû à l'incapacité même de l'imagination à produire des formes sensibles, à ce désastre de la connivence entre la nature et l'âme (comme l'eût dit Paul Cézanne).

Mais cette défection, nous l'avons indiqué, va avec une riposte, la *strophè* : le renversement de l'invalidité (sensible) en puissance (de pensée), le retournement de la peine (de la finitude) en plaisir (de concevoir l'infini).

L'opération du sublime consiste à voir, dans le désastre même du sensible, l'occasion, voire la chance, à travers laquelle une « présence », cependant informe, non représentable, insensible, s'y signale. La défaillance de l'imagination atteste, négativement, la « présence » d'un absolu.

Renversement de la faillite de l'*aisthesis* en un art de l'an-*aisthesis* : une *anesthétique*.

Avec l'art et la littérature qu'on appelle d'avant-garde, l'imprésentable fait ainsi irruption dans la sensibilité (insensibilisée) contemporaine : peinture suprématiste, musique atonale, abstraction « post-plastique », littérature de l'*Unword*, théâtre sans corps, *Tanztheater*, installations, emballages, minimalisme. Le *Spirituel dans l'art*, écrivait Vassily Kandinsky.

C'est ainsi qu'à l'époque de l'insensibilité générale, et à la faveur de l'impuissance même des formes imaginatives, se découvre, dans le secret de l'âme, *cela* même qui résiste et fait résister : un *excès* immémorial, plus archaïque que les données de la nature. Cela suffit pour faire que l'écriture, l'art, un art au-delà de l'art, persiste toujours.

Les musées en première ligne
Andrew Ross

Activiste culturel, Andrew Ross est professeur d'analyse sociale et culturelle à la New York University. Contributeur régulier au *Guardian*, au *New York Times*, à *The Nation* et *Al Jazeera*, il est l'auteur ou l'éditeur de plus de 25 ouvrages dont *Sunbelt Blues: The Failure of American Housing* (Metropolitan Books, New York 2021), *Stone Men: The Palestinians Who Built Israel* (Verso Books, New York 2019), *Creditocracy and the Case for Debt Refusal* (OR Books, New York 2014), *Bird On Fire: Lessons from the World's Least Sustainable City* (Oxford University Press, Oxford 2011), *Nice Work if You Can Get It: Life and Labor in Precarious Times* (New York University Press, New York 2009), *Fast Boat to China: Lessons from Shanghai* (Pantheon, New York 2006), *No-Collar: The Humane Workplace and its Hidden Costs* (Basic Books, New York 2003), and *The Celebration Chronicles: Life, Liberty, and the Pursuit of Property Values in Disney's New Town* Ballantine, New York 1999). Il est membre fondateur des collectifs Gulf Labor Coalition, Decolonize This Place et Debt Collective, et fait partie du comité d'organisation de l'USACBI (US Campaign for the Academic and Cultural Boycott of Israel), la branche américaine du mouvement BDS (Boycott, Divestment, Sanctions).

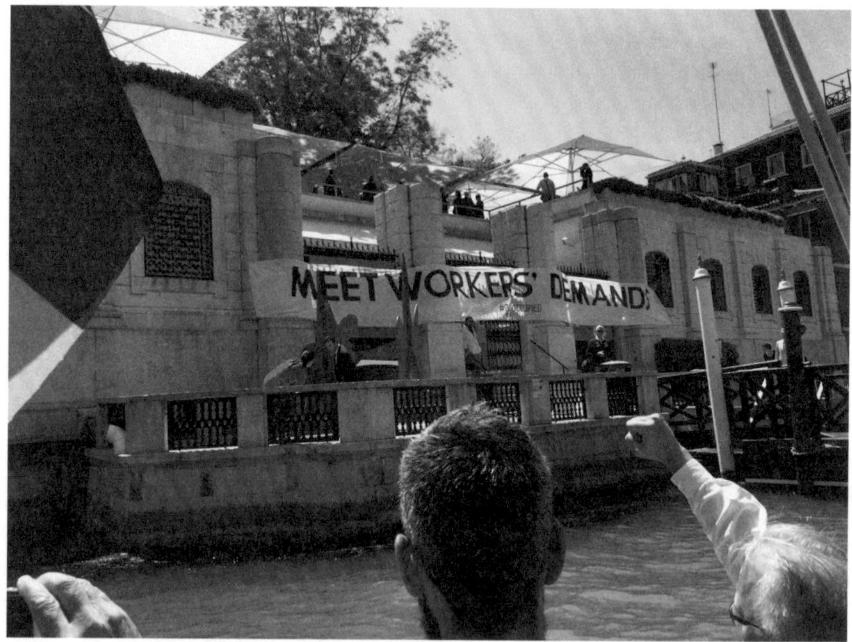

Occupation du Guggenheim Museum par la Gulf Labor Coalition pendant la Biennale de Venise, juillet 2015

Après une tardive prise de conscience, le mouvement de décolonisation à l'intérieur des musées est aujourd'hui en plein essor. La pression exercée sur les grands musées d'Europe et des États-Unis s'est révélée particulièrement intense en raison du lien si étroit entre l'histoire de leurs acquisitions et collections et le colonialisme. Jusque-là, toutefois, le mouvement ne s'est concentré que sur la partie la plus facile : rapatrier quelques artefacts issus de pillage, repenser l'organisation des expositions, dénoncer les membres des conseils d'administration et les donateurs néfastes, retirer leurs noms des espaces dont ils étaient baptisés[1]. Opter pour une moindre résistance a été le choix privilégié par la plupart des dirigeants des grandes institutions. Nous les avons vus embaucher en respectant la diversité, élargir la représentativité des conseils, présenter une palette d'artistes plus diverse, introduire une programmation plus orientée vers les communautés, rebaptiser les expositions permanentes afin d'offrir une version plus précise de l'histoire et affirmer, avec gravité, que pour eux « les vies noires comptent » – Black Lives Matter.

Au-delà de ces changements cosmétiques, la voie qui s'ouvre pointe dans de nombreuses directions mais il est assez aisé de prédire les obstacles qui se dresseront sur le chemin. Le chant des sirènes que constituent les recettes touristiques, l'attrait irrésistible du marché et des « commodités » dans le domaine de l'art et des artefacts ne cesseront de s'intensifier. Y résister s'avèrera nécessaire dès lors que les musées joueront plus directement le rôle de lieux de rassemblements ouverts aux communautés artistiques et au public, en partageant leur savoir plutôt qu'en le diffusant. Quant à l'« artwashing » – qui consiste à utiliser l'art et la culture pour blanchir des gains douteux ou des pratiques prédatrices –, il faudra le révéler en vue de son éradication. Le parrainage des expositions par des marques dont les valeurs commerciales s'opposent directement à la créativité humaniste présentée est simplement tout aussi corrosive que l'actuelle mainmise sur le monde de l'art par les magnats, oligarques et spéculateurs en vue d'une consommation d'un luxe extrême.

Comment, en tant qu'artistes et écrivains, pouvons-nous peser sur cet élan décolonisateur ? Pouvons-nous, en tant que groupes d'individus dotés d'un grand capital créatif, agir comme catalyseurs afin d'accélérer la progression du mouvement ? Ma propre participation à ce mouvement remonte à 2011, année où j'ai cofondé la Gulf Labor Coalition, un groupe international d'artistes et de critiques conscients[2]. Ce que nous visions, c'était les généreux financements offerts par les autorités d'Abou Dhabi dans l'objectif de prendre dans leurs filets quelques-uns des grands musées du monde – le Guggenheim Museum, le Musée du Louvre, le British Museum –, ainsi que des « starchitectes » pour édifier un ensemble culturel nouveau sur l'île de Saadiyat. Ces avant-postes muséographiques devaient ajouter du lustre aux vigoureux efforts de promotion nationale engagés parallèlement par l'émirat, dans le but de favoriser la vente de luxueuses villas situées sur cette même île. Tout comme les autres pays du Golfe, Abou Dhabi et les Émirats arabes

unis dépendent, pour la construction de leurs infrastruc-
tures, d'une armée de migrants maltraités venus d'Asie
du Sud. Son système de recrutement, la *kafala*[3], ses camps
de travail et les conditions éprouvantes dans lesquelles
interviennent les ouvriers possèdent tous des racines
coloniales, dans un pays doté d'une longue histoire d'auto-
ritarisme, exercé par des pouvoirs aussi bien internes
qu'externes.

La résistance à une croissance fondée sur les arts de
type Saadiyat – que nous désignons par l'expression
« Culture de l'élite/Travaux forcés » (High Culture/Hard
Labor) – repose sur un principe moral simple[4]. Nul ne
devrait se voir proposer de présenter ses œuvres, d'organiser
une exposition ou de réaliser une performance dans un
musée bâti sur la sueur d'une main d'œuvre exploitée. Sur
le modèle des campagnes dénonçant les ateliers de misère
et s'efforçant de ternir l'image de marques de vêtements
haut de gamme, nous y voyons la possibilité d'utiliser la
réputation des grands musées pour améliorer les conditions
de travail des ouvriers. En raison des progrès que nous
y obtenions, nous avons concentré nos efforts sur le
Guggenheim Museum et ses dirigeants, afin d'exercer sur
eux une pression publique et de faire adopter une série
de normes en matière de travail que d'autres pourraient
reprendre à leur compte.

La campagne a pris plusieurs formes : boycott-pétition
international du Guggenheim Museum d'Abou Dhabi ayant
reçu des milliers de signataires, dialogue direct par le biais
de rencontres avec les dirigeants de l'institution et ses administrateurs (*trustees*) ainsi qu'avec les responsables officiels
de l'administration du quartier culturel de l'île de Saadiyat,
coordination avec des ONG et des syndicats partenaires
pour exercer une pression sur le musée, enquêtes de terrain
pour recueillir les témoignages d'ouvriers, publications
et publicité sur de multiples supports de presse, programme
annuel de commandes d'œuvres, intitulé *52 Weeks*, actions
directes enfin avec, notamment, une série d'occupations
spectaculaires du Guggenheim Museum à New York et
Venise[5] – ces dernières étant liées à la création de la GULF
(Gulf Ultra-Luxury Faction), grâce au recrutement de
camarades avec lesquels j'avais collaboré au sein de certains

groupes d'Occupy Wall Street, comme Occupy Museums ou Strike Debt. Gulf Labor Coalition a également mis en place une branche consacrée à l'architecture, nommée Who Builds Your Architecture ?

Sans surprise, les actions de notre groupe se sont heurtées à une répression gouvernementale. Plusieurs de nos membres – Walid Raad (*1967), Ashok Sukumaran (*1974), Guy Mannes-Abbott et moi-même, Andrew Ross (*1956) – ont été interdites de séjour aux Émirats arabes unis. Il n'a donc plus été possible d'établir des contacts avec les ouvriers sur le terrain, bien que des membres de la Gulf Labor Coalition aient réussi à interroger certains ouvriers déportés en Inde. Les dirigeants du musée ont rompu le dialogue après que nous avons sorti l'artillerie lourde et introduit à la table des négociations les ONG et les syndicats internationaux. Toutefois, la construction du Guggenheim Museum d'Abou Dhabi a été gelée et, à l'heure où je rédige cet essai, n'a toujours pas repris. Les autorités ont, en fin de compte, appris que la violation des droits de l'homme avait un prix.

Peu après l'arrêt de la construction du Guggenheim Museum d'Abou Dhabi, l'architecte Michael Sorkin (1948-2020) et moi-même avons lancé une campagne similaire avec l'aide de certains membres de la communauté artistique finlandaise afin d'empêcher la création d'une nouvelle implantation du musée à Helsinki. Pour contrer le projet officiel du Guggenheim Museum, nous avons organisé un concours alternatif d'architecture et mobilisé les syndicats dans le but de contraindre le conseil municipal à rejeter les plans choisis par le musée[6]. Au cours de ces deux combats victorieux menés à Abou Dhabi et en Finlande, la stratégie que nous avons mise en place a été honorée et appréciée par différents partenaires – comme Human Rights Watch ou l'International Federation of Trade Unions – qui ne disposaient pas d'outils institutionnels pour lancer ce type d'initiative créative.

Dans le sillage du travail effectué par la Gulf Labor Coalition, les principaux membres de GULF – Amin Husain, Nitasha Dhillon, Yates McKee et moi-même – ont créé Decolonize This Place. Tirant son nom d'une manifestation organisée à l'occasion d'une exposition au Brooklyn Museum sur le thème Israël/Palestine, intitulée *This Place* (2016), ce groupe a toutefois pris forme lors d'une résidence commune de trois mois à Artists Space, espace indépendant situé à Manhattan. Rejetant l'exposition de type classique, nous avons aménagé le lieu sous la forme d'un espace dédié à l'intersectionnalité mise en œuvre par des associations locales – parmi lesquelles Chinatown Art Brigade, American Indian Community House, New York Stands with Standing Rock et Take Back the Bronx. Nos actions ont notamment pris pour cible le Brooklyn Museum (une fois encore), Artis, une association qui envoie artistes et influenceurs en tournée en Israël et, de façon plus visible, l'American Museum of Natural History (AMNH), institution ethnographique phare du pays.

Avec ses dioramas et ses espaces culturels quasiment inchangés depuis le début du XXe siècle, l'American Museum of Natural History est en lui-même un artefact colonial, pris au piège du passé. À la différence de nombreux musées d'histoire naturelle dans le monde, il ne s'est pas aventuré sur le chemin de la décolonisation de sorte que des millions de visiteurs sont exposés chaque année aux préjugés culturels véhiculés par ses présentations. Depuis 2016, à l'occasion de l'Indigenous People's Day, nous proposons un Anti-Columbus Day Tour qui offre une alternative critique au contexte dans lequel sont présentés les artefacts de ce musée. Joignant notre voix au mouvement international réclamant le déboulonnement des statues coloniales, nous avons également appelé la ville à démanteler un monument dédié à Theodore Roosevelt, lequel montrait l'ancien président à cheval, flanqué d'un Africain-Américain et d'un Indien à pied, présentés de façon servile. Lors de la quatrième année de notre action, cette visite populaire a attiré jusqu'à un millier de participants. Au cours des pourparlers entrepris avec les représentants du musée, nous avons fortement suggéré la formation d'une « Commission Décolonisation » qui inclurait des acteurs de différentes communautés. À ce jour, la ville a accepté de retirer la statue et le musée a modestement commencé à « contextualiser » ses contenus. Le rapatriement d'artefacts indigènes est en cours d'examen.

La représentation institutionnelle de la « Nature » par l'American Museum of Natural History, laquelle comprend l'art et la culture de peuples colonisés, constitue un problème plus fondamental encore. De l'autre côté de

Central Park, se dresse le Metropolitan Museum of Art, musée consacré à la « Culture » qui collectionne et expose l'art venu d'Europe et d'Amérique du Nord, aux côtés de leurs « racines » grecques, romaines et égyptiennes. Idéalement, il serait bon que les deux institutions collaborent afin d'échanger leurs contenus et de proposer une présentation plus équilibrée et précise de l'histoire de l'art mondial.

Dans la lignée des actions entreprises à l'égard de l'American Museum of Natural History, Decolonize This Place s'est intéressé au problème chronique posé par la position influente des membres des conseils d'administration dont la richesse provient d'industries nuisibles aux communautés au service desquelles se placent ces mêmes institutions : expansion des prisons privées, manufactures d'armes, extraction minière ou projets de développement visant à l'embourgeoisement de certains quartiers, entre autres nombreuses choses. La longue campagne que nous avons entreprise en 2019 auprès du Whitney Museum, comprenant des actions menées chaque semaine dans le hall du musée, a abouti à l'éviction de Warren Kander, l'un des principaux bienfaiteurs du musée et vice-président du conseil d'administration. Le lien direct du PDG de Safariland, équipementier militaire et policier, avec le gaz lacrymogène et le matériel utilisés pour réprimer des manifestants ou des populations civiles à travers le monde, constituait un handicap aux yeux des artistes et de leurs communautés, victimes directes de la répression policière ou choqués dans leur sensibilité par une démarche caractéristique de l'« artwashing »[7]. Le succès de cette campagne a complété ceux obtenus auprès de nombreux musées par le PAIN (Prescription Addiction Intervention Now), un groupe d'artistes réunis par Nan Goldin qui s'est attaqué au mécénat de la famille Sackler dont la fortune repose sur l'exploitation des opioïdes[8].

Plus récemment, et de manière plus ambitieuse, Decolonize This Place a joué un rôle central dans la campagne, menée par l'International Imagination of Anti-National Anti-Imperialist Feelings (IIAAF), baptisée Strike MoMA, une initiative fondée sur l'action directe et lancée par des artistes à l'encontre du Museum of Modern Art de New York[9]. Les relations privées entretenues par Leon Black, président du conseil d'administration, avec

l'ignominieux Jeffrey Epstein sont la cause de cette action.
Financier richissime possédant une collection d'art
convoitée, laquelle comprend *Le Cri* (1895) d'Edvard Munch,
Leon Black a été contraint de se retirer sous la pression
du musée qui s'efforçait de surmonter le scandale. Comme
dans la plupart des institutions culturelles et pédagogiques
détenues par l'élite, les administrateurs disposent d'une
fortune et d'un pouvoir industriel qui entrent en conflit avec
les valeurs libérales, humanistes, assumées par les institutions
elles-mêmes. Ils ont les moyens d'exercer, et exercent de
fait, une influence excessive sur l'organisation des expositions, les acquisitions et la programmation, influence qui
reflète les intérêts de classe de ces donateurs. Se débarrasser
d'un « fruit pourri » ne résout pas le problème. Leon Black
a été remplacé par Marie-Josée Kravis, l'une des proches de
Donald Trump, dont la richesse familiale provient également
de profits honteux.

StrikeMoMA a attiré l'attention sur l'« interdépendance
des conseils d'administration » au plus haut niveau – dont
les administrateurs participent également à des conseils
d'entreprises ou de sociétés financières et dont le pouvoir
tient à leur position dominante au sein de la hiérarchie
économique et culturelle[10]. Traditionnellement, l'implication des ultra-riches dans le secteur culturel constitue
une source de soft power, mais aujourd'hui que la collection
d'œuvres d'art représente une possibilité d'enrichissement
en tant que tel, l'écart entre les deux sphères se réduit
chaque jour davantage. Les œuvres circulent entre les collections privées et les expositions de grands musées, acquérant
de la valeur en cours de route, cependant que les espaces
d'exposition deviennent des espaces ouverts après la
fermeture des bureaux, accueillant galas ou soirées organisés
par la haute société.

StrikeMoMA a proposé dix semaines de manifestations, virtuelles et sur site, des ateliers, des tables rondes,
des campagnes médiatiques, ainsi que la visite, intitulée
« Ruins of Modernity », de sièges sociaux installés dans le
quartier d'affaires de Manhattan et liés à des administrateurs
de l'institution. Les crimes de guerre commis en mai 2021
par des militaires israéliens à Gaza ont amplifié le mouvement, et les manifestations se sont dès lors concentrées
sur les administrateurs directement liés à la promotion du

sionisme ou aux forces de défense israéliennes. Des liens similaires ont été établis, au sujet d'autres administrateurs, avec la révolte populaire en Colombie, le combat contre les mines d'or en République Dominicaine ou encore le régime d'austérité imposé au peuple de Porto Rico. L'unique réponse du directeur du musée, Glenn Lowry, a étrangement été d'accuser les manifestants de vouloir « démanteler » le Museum of Modern Art et l'ensemble des musées afin de faire « en sorte qu'ils n'existent plus ». Fuyant toute forme de dialogue, il a, dans une réaction plus révélatrice encore, renforcé les mesures de sécurité et le personnel autour du musée, lequel est déjà protégé par toute une série de portes blindées très sophistiquées, activées dès la fermeture du musée.

Cette mobilisation de gardes et de portes n'est que le début d'une pente sécuritaire glissante au cœur de l'économie du monde de l'art. Récemment, le commissaire d'expositions et réalisateur Awam Amkpa (*1959) a ironiquement souligné que nombre d'artefacts pillés puis rapatriés par les musées occidentaux dans les pays africains au nom de la décolonisation n'avaient pas vocation à être conservés. Fabriqués pour répondre à une fonction culturelle, ils étaient censés se dégrader avec le temps[11]. La nécessité de placer en quarantaine, stocker et protéger ces objets afin de les préserver ne s'est fait sentir qu'à partir du moment où ceux-ci sont entrés dans le système artistique occidental. Les métiers de la conservation et de la restauration sont apparus afin de remplir cette fonction. L'expertise mise en œuvre par ces métiers coïncide avec le travail d'authentification réalisé par les spécialistes, afin de stimuler la valeur économique et sociale de l'art et des artefacts et, en ultime recours, de rendre service au marché spéculatif.

Ce spectre, qui s'étend des conservateurs, restaurateurs et responsables de l'authentification jusqu'aux gardiens de musée, aux galeries et aux ports francs, est gouverné par la logique implacable de la sécurité. La mise à disposition de ces services peut paraître rationnelle et nécessaire aux yeux de magnats qui considèrent le monde de l'art comme un terrain de biens à acquérir, dotés d'atouts brillants qui doivent être protégés. Mais la primauté accordée à la sécurité ne va pas de soi culturellement. C'est un choix que favorisent les monopolistes et que guide, dans une société

marchande, le besoin de garantir un état de relative rareté
sans laquelle les biens sont dépourvus de valeur. Ce
régime qui associe sécurité et rareté constitue un obstacle
fondamental pour ceux qui veulent que l'art et la culture
vivent leur vie parmi nous, dans un espace commun où les
droits usufruitiers l'emportent sur les droits de propriété.
Cette dernière distinction a été constitutive de l'économie
coloniale, vouée à l'expropriation des ressources indigènes,
et reste au centre du système de propriété intellectuelle qui
perpétue jusqu'à nos jours les inégalités coloniales : depuis
l'Accord sur les aspects des Droits de Propriété Intellectuelle
qui touchent au Commerce (ADPIC), qui constitue le cœur
de pierre du colonialisme vaccinal contre la COVID, jusqu'à
la dystopie fraîchement mentholée de la commercialisation
des NFT (Non-Fungible Token).

    Si l'agitation qui se produit autour de l'opportunité
que représente la culture pour les puissants et les riches n'a
rien de nouveau, son évolution vers la décolonisation ouvre
un front inédit de résistance et d'actions. StrikeMoMA
nous demande d'imaginer un monde de l'art post-MoMA,
dans lequel les musées rompent eux-mêmes leurs liens avec
les ultra-riches, renoncent à la mentalité « blockbuster » et
rejoignent une économie solidaire dans laquelle des individus
créatifs cherchent à subvenir à leurs besoins grâce à une aide
mutuelle, un monde où les institutions ne constituent plus
des bastions privilégiés retranchés mais des forums destinés
au peuple, intégrés à un réseau d'aide sociale.

[1] Voir Dan Hicks, *The Brutish Museums: The Benin Bronzes, Colonial Violence and Cultural Restitution*, Londres, Pluto Press, 2021, pour une analyse du mouvement de restitution des biens culturels, et Laura Raicovich, *Culture Strike: Art and Museums in an Age of Protest*, Verso, New York 2021, pour une approche plus large des défis qui attendent les musées.

[2] Voir Negar Azimi, « The Gulf Art War », *New Yorker*, 11 décembre 2016, accessible sur www.newyorker.com/magazine/2016/12/19/the-gulf-art-war [décembre 2021].

[3] La kafala est une procédure d'adoption spécifique au droit musulman qui correspond à une tutelle sans filiation.

[4] Andrew Ross pour Gulf Labor Coalition (éd.), *The Gulf: High Culture/Hard Labor*, UR Books, New York 2015.

[5] Colin Moynihan, « Labor Protesters to Resume Guggenheim Demonstrations », *New York Times*, 17 avril 2016, www.nytimes.com/2016/04/18/arts/design/labor-protesters-to-resume-guggenheim-demonstrations.html [décembre 2021].

[6] Terike Haapoja, Andrew Ross et Michael Sorkin (éds.), *The Helsinki Effect: A Public Alternative to the Guggenheim Model of Culture-Driven Development*, UR Books, New York 2016.

[7] Voir « The Kanders Archive », *Hyperallergic*, 2020, https://hyperallergic.com/tag/warren-kanders [décembre 2021]

[8] Voir www.sacklerpain.org [décembre 2021].

[9] Voir « Framework and Terms for Struggle » sur www.strikemoma.org [décembre 2021]

[10] Ariella Azoulay et al, *Diversity of Tactics, Diversity of Aesthetics: Post-MoMA Futures*, Verso Books Blog, 2021, www.versobooks.com/blogs/5076-diversity-of-tactics-diversity-of-aesthetics-post-moma-futures-part-i [décembre 2021].

[11] Voir la partie 4 de *Land, Life, Liberation: Conversations with Decolonize This Place and Friends*, 2021, https://artgalleryof-guelph.ca/exhibitions-detail/land-life-liberation-conversations-with-decolonize-this-place-and-friends [décembre 2021].

« C'est l'amour / c'est la résistance / c'est la guerre »
À propos de la longue et douloureuse histoire d'amour de l'art avec la culture
Gregory Sholette

Gregory Sholette est artiste, écrivain et activiste. Sa pratique artistique et ses recherches portent sur les questions du travail culturel collectif, de l'art militant et de la représentation contre-historique. Il a obtenu son doctorat à l'Université d'Amsterdam (2017) après avoir étudié au Whitney Independent Study Program in Critical Theory (1996), au San Diego Visual Art MFA Program (1995) et au Cooper Union BFA Program (1979). Cofondateur des collectifs Political Art Documentation/ Distribution (1980-1988), REPOhistory (1989-2000) et Gulf Labor Coalition (depuis 2011), il est l'auteur de *Delirium and Resistance: Activist Art and the Crisis of Capitalism* (Pluto Press, Londres 2017), *Dark Matter: Art and Politics in the Age of Enterprise Culture* (Pluto Press, Londres 2010), *Art As Social Action*, avec Chloë Bass (Allworth Press, New York 2018), *The Art of Activism and the Activism of Art* (Lund Humphries, Londres 2021). Gregory Sholette est associé au programme d'études supérieures Art, Design and the Public Domain de Harvard et codirige, avec Chloë Bass, Social Practice CUNY, une initiative sur l'art et la justice sociale financée par la Fondation Andrew W. Mellon au Graduate Center de la City University of New York.

Le 30 avril 1971, l'exposition mono-
graphique d'Hans Haacke (*1936)
au Guggenheim Museum est
brutalement annulée au prétexte
que deux œuvres, de type concep-
tuel, retracent explicitement, à
partir de données issues d'archives
municipales, les pratiques dénuées
de scrupule du marché de l'immo-
bilier à New York. Comme un
épidémiologiste du monde de l'art,
le directeur de l'institution, Thomas
M. Messer, souligne l'obligation
qui est la sienne d'écarter l'œuvre
d'Hans Haacke au motif qu'il lui
faut « chasser une substance
étrangère ayant pénétré l'organisme
du musée ». Défendant son projet,
le commissaire de l'exposition,
Edward Fry, affirme son soutien
sans faille à l'artiste et à « la liberté
et l'intégrité de cette œuvre, ou de
toute œuvre provenant d'un autre
artiste, au-delà de toute question
de loyauté bureaucratique due à
une institution[1] ». Edward Fry est
rapidement licencié, cependant
qu'Hans Haacke devient une

célébrité parmi les producteurs culturels dotés d'un esprit critique, mais également *persona non grata* dans 99% des musées américains. Au cours d'une carrière particulièrement active, étendue sur six décennies, il n'aura droit qu'à deux rétrospectives aux États-Unis, toutes deux au New Museum.

Je débute par cet épisode relativement connu du monde de l'art pour souligner le fait que la « résistance » n'est pas uniquement pratiquée par des artistes socialement engagés dans un affrontement avec les autorités institutionnelles, ou provoquée par des événements politiques, mais s'avère également le fait des administrateurs du monde artistique lorsqu'ils se sentent menacés par les artistes. Ce qui doit paraître particulièrement évident. Toutefois, ce qui est singulier, et sans doute unique, au domaine des arts visuels, notamment au cours des cent ou deux cent dernières années, c'est que ceux qui travaillent dans ce domaine éprouvent la nécessité de s'opposer, rejeter, boycotter, voire lutter contre, l'institution même dont ils dépendent en tant que producteurs artistiques. Essayez d'imaginer tout autre groupe professionnel, hautement qualifié, qui entreprendrait une démarche similaire, par exemple, des chirurgiens, des avocats, des ingénieurs, des joueurs de basket ou des psychanalystes. Et qui agirait, non pas au gré des occasions, comme pourraient le faire des journalistes en grève pour obtenir d'une chaîne de journaux une revalorisation salariale, mais *en embrassant la résistance comme une dimension centrale de leur statut même*. Et puisque cette condition est essentielle à leur travail, elle a inévitablement généré une résistance de la part des institutions artistiques. Ce qui suit est, par conséquent, la brève histoire de cette relation amour/haine, peut-être même haine/amour, accompagnée de quelques réflexions sur la manière dont cet état de fait continue d'informer et de façonner les interrogations suscitées par le retour aussi remarquable que répandu de la résistance artistique militante aujourd'hui.

* * *

Lorsqu'il s'agit d'administrer l'art – que cet art soit socialement subversif, radicalement expérimental ou bien en phase avec les institutions –, les candidats prêts à se charger de cette responsabilité managériale n'ont que rarement, si ce n'est jamais, fait défaut. L'Église, l'État, les industriels privés, les corporations, les ONG, les conseillers politiques ou les municipalités ont tous marché aux côtés des intellectuels, que ceux-ci soient conservateurs ou radicaux, assumant avec enthousiasme l'apparente responsabilité de gérer ce qui constitue la nature soi-disant non productive de la création artistique. Mais si l'art et ses administrateurs partagent une certaine histoire, voire une certaine intimité, durant l'époque moderne, cette relation, marquée par une résistance s'exprimant constamment des deux côtés, est loin d'être heureuse.

Dès les Dialogues socratiques de Platon, nous entendons un plaidoyer en faveur, tout d'abord, de l'interdiction, puis de la gestion absolue des formes que revêt la pratique artistique, considérées comme indésirables par l'État. Dans la République idéale de Socrate, l'interdiction vise la poésie et la peinture imitative. Seul l'art qui défend des idéaux rationnels, et disons-le masculinistes, serait autorisé dans cette république. Même les œuvres vénérées d'Homère risquent l'embargo – et on ne peut qu'imaginer le tollé qu'aurait provoqué la présence d'une Frida Kahlo, d'une Hannah Höch ou des Guerrilla Girls dans la Grèce antique. Toutefois, dans ce qui pourrait constituer le premier exemple d'administration de l'art, Socrate propose une solution. Il autorise l'art imitatif à réintégrer la République seulement pour ceux qui ne sont pas spécialistes de poésie mais ont « le goût de la poésie, [auxquels serait accordé] le droit de parler pour elle, en prose, pour prouver qu'elle est non seulement agréable, mais aussi avantageuse aux régimes politiques et à la vie humaine[2] ». Chargé d'imposer une normalisation artistique, ce groupe d'arbitres spécialisés intervient entre, d'une part, un public non informé et par conséquent vulnérable, et, d'autre part, des artistes dont l'œuvre abonde en possibilités subversives. L'idée essentielle est que toute médiation, interprétation ou évaluation de l'art constitue en soi un envoûtement destiné à transformer ce qui représente un risque inhérent pour l'État en une forme sûre et plaisante de plaisir esthétique, si ce n'est en une simple forme de divertissement.

En supposant que cette histoire originelle contienne au moins quelques allégories pertinentes en ce qui concerne la pratique moderne de l'art, il n'est guère surprenant que l'arbitrage culturel ne s'effectue jamais sans frictions. Bien plutôt, certaines controverses culturelles ont, du moins sur le long terme, bénéficié fort étonnamment à des mouvements artistiques ou des artistes dissidents. Songez à l'importance culturelle qu'ont pris Dada et l'expressionnisme à la suite de l'exposition sur l'art dégénéré (*Entartete Kunst*) organisée en 1937 à Munich par le parti nazi. De même, serait-il difficile d'imaginer l'ampleur prise par le fertile mouvement qu'est la critique institutionnelle si le Guggenheim Museum n'avait pas annulé l'exposition d'Hans Haacke en 1971. L'idée de l'art comme espace de liberté critique ne peut se détacher de sa production réelle. De fait, dès la Renaissance, les artistes s'efforcent de mettre en avant leur statut social en soulignant le fait que leur pratique relève non de l'artisanat mais d'un art libéral. Selon Paul Mattick, cette lutte pour le prestige autant que pour leur travail « pose les fondements de l'idéologie de l'art moderne[3] ». Certes, la production d'objets continue de requérir un travail physique, mais les produits de l'art doivent dès lors être envisagés comme la manifestation d'une pensée pleine d'imagination plutôt que comme une chose, ou pire encore, comme un bien.

Cette histoire, longue de plusieurs siècles, qui privilégie le travail mental sur la pratique artisanale, souligne Dave Beech, « agit selon la logique utopique qui entend assurer la sécurité d'une île du travail moindre, entourée des sept mers du dur labeur[4] ». Au XVIIIe siècle, Emmanuel Kant décrit cet artiste-penseur comme un génie autonome qui, un peu à l'égal d'une force de la nature, « ne sait pas lui-même comment se trouvent en lui les idées » qui s'incarnent dans une œuvre donnée[5]. Sans surprise, cette conception occidentale romantique de l'art génère, de la part de ses praticiens, de la suspicion à l'égard des directeurs culturels et des institutions qui incluent musées et écoles d'art, ainsi que, d'une manière différente, à l'égard du marché capitaliste. La nature de cette lutte ne ressemble guère aux relations institutionnelles ayant cours dans les domaines professionnels ressortissant de la loi, de la médecine ou de la science. Elle marque l'histoire de l'art, y compris celle de l'art le plus extrêmement militant dans son esprit ou de l'avant-garde tout autant, si ce n'est plus, que les récits sur l'expérimentation, l'avant-gardisme ou la radicalité des crises novatrices qui se produisent dans les périphéries d'une industrie culturelle dominante.

Toutefois, comme le souligne David Cottington, les artistes d'avant-garde se perçoivent comme engagés dans un « professionnalisme alternatif » qui implique de critiquer et résister autant que d'imaginer un futur nouveau et différent[6]. Le terme même d'avant-garde est employé pour la première fois par un journal militaire français dans le but de justifier la terreur jacobine postrévolutionnaire qui s'impose en 1794, avant d'être redéfini par le comte de Saint-Simon (1760-1825), philosophe socialiste, presque 30 ans plus tard, en 1825, devenant ainsi une sorte d'idéal culturel. Saint-Simon avait la conviction que les artistes, aux côtés des industriels et des scientifiques, avaient pour mission de mettre en œuvre une société socialiste nouvelle dans laquelle la force débridée du capitalisme serait au service de l'humanité au lieu d'exploiter la majorité de la population au profit d'une thésaurisation réservée à quelques-uns.

> C'est nous, artistes, qui vous servirons d'avant-garde : la puissance des arts est en effet la plus immédiate et la plus rapide. Nous avons des armes de toute espèce : quand nous voulons répandre des idées neuves parmi les hommes, nous les inscrivons sur le marbre ou sur la toile… Quelle plus belle destinée pour les arts que d'exercer sur la société une pression, un véritable sacerdoce et de s'élancer en avant de toutes les facultés intellectuelles, à l'époque de leur plus grand développement ! Voilà le devoir des artistes, voilà leur mission[7].

Après le décès de Saint-Simon, ses disciples cherchèrent à réaliser ce mariage de l'art et de la science dans le cadre de cette récente spoliation qu'est la colonie française établie en Algérie. En ce lieu, l'« Occident et l'Orient » sont supposés se rencontrer et donner naissance à une véritable « société moderne : technologique et industrielle dans son développement économique ; pacifique et spirituelle dans son fonctionnement socio-politique[8] ». Inutile de préciser que le résultat ne s'est absolument pas révélé utopique.

Selon ces premières tentatives idéalisées d'absorption, les coutumes arabes devaient être naturellement rejetées au profit de la supériorité des valeurs européennes. En 1865, le gouvernement français propose ainsi que les musulmans d'Afrique soient considérés comme des ressortissants autorisés à demander la citoyenneté, à la condition toutefois qu'« ils reconnaissent l'infériorité de leurs coutumes et institutions » écrit Osama Abi-Mershed.

Ce qui met en valeur le fait que, dès ses origines, l'avant-garde artistique radicalement « résistante » repose sur des contradictions qui impliquent non seulement l'opposition entre le registre des idées et l'artisanat orienté vers la production matérielle, mais aussi par rapport aux alliances avec les intérêts de l'État ou aux conflits concernant les sujets colonisés qui s'efforcent eux-mêmes de résister à des conditions oppressives. Il est clair également, qu'à la différence de la République de Platon, tout au moins depuis le XIXe siècle, la plupart des États modernes, qu'ils soient capitalistes ou d'autre obédience, ont, dans certaines situations, dépensé des sommes généreuses au profit de l'avant-garde, dans le but affiché de maîtriser utilement la force d'action dissidente de l'art, tout en préservant son objectif visionnaire de transformation sociale positive. De leur côté, les artistes ont, dans l'ensemble, empoché avec enthousiasme ces offrandes, tout en cherchant des moyens de mordre cette même main nourricière.

Aussi était-il sans doute inévitable qu'au terme des décennies d'expérimentation néo-libérale qui suivirent la fin de la Guerre froide, des artistes aient été de plus en plus nombreux à se demander quelle alternative, s'il en existait une, était possible face à l'économie dite du marché libre et à l'insécurité existentielle qu'elle impliquait. Comme l'exprime l'artiste et militant autrichien Oliver Ressler (*1970) :

> À la suite de la perte d'un contre-modèle au capita-
> lisme – que le socialisme, dans sa forme tangible
> et réelle, a offert jusqu'à son effondrement –,
> les conceptions alternatives au développement
> économique et social ont connu des temps difficiles
> au début du XXIe siècle[9].

Par conséquent, il est quasiment impossible de dissocier la figure de l'artiste en tant que militant, dissident ou provocateur entré en résistance, de celle de l'artiste ou de l'intellectuel du milieu du XIXe siècle qui, au contraire, a pour mission de créer des idées, des formes et des pratiques nouvelles en prévision d'une société meilleure à venir. Il n'est pas jusqu'aux actions artistiques les plus subversives – songez à Dada, Black Mask, Orange Alternative, NSK, The Yes Men, or Voïna[10] – qui ne fassent allusion à la possibilité d'un ailleurs, en un temps et un lieu qui n'existent encore ni ici, ni maintenant, à l'instant où la déliquescence de la réalité immédiate sera rejetée ou dépassée en faveur d'un monde meilleur. Si nous relions les points qui constituent ce schéma historique où s'enchevêtrent *résistance/capture/étreinte/résistance*, le résultat correspond à une chorégraphie sociale complexe qui, pendant plusieurs siècles au moins, a ressemblé à un contrat non écrit autorisant les travailleurs culturels à passer progressivement de neuf à cinq emplois, obtenant en contrepartie un degré d'autonomie (toujours circonscrit, bien sûr) leur permettant de poursuivre des projets créatifs « inutiles ». Ou, pour le dire en termes marxistes, l'art est un type d'activité qui suppose un travail non-productif. Jusque récemment, ces compromis sont restés clairement visibles. Durant ce temps, les artistes ont rarement dissimulé la relation amour/haine entretenue avec les commanditaires, les administrateurs artistiques et les institutions culturelles – et naturellement, sur les anciennes terres socialistes de l'Est, ce contrat affichait plus explicitement son utilitarisme, quoiqu'il ne fût pas moins conflictuel.

Cependant, au cours de ces dernières années, les artistes contemporains ont tenté différentes expériences économiques critiques ou alternatives, comprenant notamment la création de monnaies locales, des organisations fondées sur le partage du temps, les systèmes de dons, de troc et de travail collaboratif, dans un effort pour générer une résistance créative aux limites imposées par le monde de l'art international. Internet offre, en outre, aux artistes un moyen nouveau de communier et d'échanger leurs œuvres en marge du marché de l'art, en rendant possible la circulation des mèmes, gifs et, plus récemment, des NFT ou Non-Fungible Token (Jetons non fongibles). Toutefois, chacune de ces formes visuelles mécaniquement reproductibles possède sa propre série d'inconvénients, notamment si nous souhaitons que ces œuvres d'art digitales fonctionnent en tant que modes de résistance culturelle[11]. La vente récente par Christie's du NFT d'un artiste surnommé Beeple (*1981) pour 69,3 millions de dollars en est un exemple. Le nouveau propriétaire, qui se fait appeler MetaKovan, a, par la suite, divisé son achat en dix millions de jetons numériques dérivés et vendu 25% d'entre eux, gardant le reste pour lui. Toutefois, le NFT est un phénomène relativement nouveau dont les multiples promesses restent encore à se concrétiser. Comme l'avance cependant le théoricien reconnu des nouveaux médias, Lev Manovich, le NFT pourrait simplement permettre :

> à d'innombrables artistes, très éloignés des centres du « monde de l'art » – New York, Londres, Pékin – que leurs œuvres soient montrées, voire achetées [et], c'est le plus important, d'obtenir ce qui ne se mesure pas en argent – la dignité[12].

Avant donc de mettre en doute l'art numérique, intéressons-nous à l'œuvre d'Hito Steyerl (*1966), laquelle a créé ce que nous pourrions considérer comme une œuvre digitale tactiquement « anti-Beeple », au travers de la transformation de la totalité du Royal College of Art en NFT. L'artiste a ensuite invité les délégués des étudiants de l'école à produire « un jeu de rôle grandeur nature qui stimulerait la métamorphose du Royal College of Art en une coopérative détenue par des travailleurs et des étudiants[13] ». Cette action suggère que la quête d'une résistance artistique critique au travers de nouvelles formes de médias, à l'exemple de la numérisation financée d'œuvres d'art, ne fera qu'exacerber les niveaux d'inégalité et d'aliénation existants caractérisant les conditions de travail dans le domaine de l'art, que celui-ci soit ou non en ligne, à moins de prendre en compte un cadre politique plus vaste. Et tel est, précisément, ce contexte plus large que propose l'opposition artistique de la fin des années 1960 et du début des années 1970 que j'ai évoquée dans l'introduction de cet essai.

* * *

La confrontation entre Hans Haacke et le Guggenheim Museum intervient en 1971, quelques années seulement après la révolte mondiale des étudiants et des travailleurs de 1968, et quelques mois seulement avant que 500 000 personnes ne marchent en novembre 1969 sur Washington DC pour condamner cette guerre « non déclarée » menée par les États-Unis au Vietnam que Richard Nixon et Henry Kissinger venaient, il y a peu, d'étendre au Laos et au Cambodge. L'année précédente, des étudiants des universités publiques de Kent et de Jackson ont été tués par balles au cours d'une manifestation, six d'entre eux ayant été abattus par les troupes de la Garde Nationale. Durant cette même période, des artistes lancent une « grève des artistes de New York contre le racisme, le sexisme, la répression et la guerre », au cours de laquelle une partie du groupe interrompt une rencontre professionnelle organisée par l'American Association of Museums à l'hôtel Waldorf-Astoria, exigeant que soit suspendue toute considération autre que les problèmes posés par la guerre, le racisme et l'amélioration de la représentation des minorités au sein du monde culturel. Devant les participants majoritairement blancs, assis dans la Grand Ballroom, l'artiste noir Arthur Coppedge (1938-2010) déclare : « je ne vois qu'une seule culture représentée ici[14] ».

Durant toute la fin des années 1960 et une grande partie des années 1970, les artistes continuent d'attirer l'attention sur la fausse neutralité affichée en façade par le monde artistique dominant, notamment par le biais de l'opposition menée par la Black Emergency Cultural Coalition contre l'exposition *Harlem on My Mind: The Cultural Capital of Black America, 1900–1968* organisée en 1969 par le Metropolitan Museum of Art, laquelle n'inclut aucun artiste afro-américain, fût-il vivant ou mort, ou encore par le piquet de grève tenu devant le Whitney Museum of American Art en 1970 qui, avec le slogan « Women Now », exige de l'institution artistique qu'elle rende des comptes quant au faible nombre de femmes artistes exposées. Ces thèmes sont de nouveau mis en avant en 1976 par la création de l'Artists Meeting for Cultural Change qui publie un anti-catalogue pointant du doigt l'absence criante des femmes et des personnes de couleur parmi les artistes choisis pour représenter trois siècles d'art américain lors de la Whitney's

Bicentennial Exhibition, laquelle se compose en réalité de la collection personnelle de John D. Rockefeller, baron de la Standard Oil et premier milliardaire du pays.

Cette résistance ouverte de ceux qui produisent l'art face à l'autorité institutionnelle dont sont investis les administrateurs de la culture se poursuit aujourd'hui au travers des appels à la décolonisation des équipes des musées, lancés par des groupes tels que Decolonize This Place ou StrikeMoMA. L'opposition se manifeste cependant également en interne, avec une syndicalisation croissante des équipes sous-payées à travers tout le territoire américain, et notamment au Guggenheim Museum. Nombre de ces employés précaires sont eux-mêmes diplômés en art ou en histoire de l'art. La résistance est relancée par une génération nouvelle de travailleurs intervenant dans le domaine de l'art, ayant été éduqués à la déconstruction des espaces artistiques mondiaux et des idéologies cosmétiques, telle que pratiquée par des artistes comme Michael Asher (1943-2012) et Hans Haacke, puis Andrea Fraser (*1965) et Fred Wilson (*1954). Ne pouvons-nous pas dès lors noter qu'au terme de quelques 50 années de critique institutionnelle, consciemment ou non, les leçons sur la résistance en art sont aujourd'hui directement appliquées à la réalité des conditions précaires que connaissent les employés des musées, et non plus aux œuvres d'art ?

Tout ceci nous ramène une dernière fois en 1971, au Guggenheim Museum, en ceci qu'immédiatement après l'annulation officielle de l'exposition de Hans Haacke, un autre acte de résistance se produit : une manifestation spontanée, semi-chorégraphiée, conduite par l'artiste et cinéaste Yvonne Rainer (*1934). Sous les yeux étonnés des visiteurs et des gardiens, elle entraîne une douzaine de membres du collectif Art Workers Coalition dans une procession en forme de chenille qui descend en ondulant la rampe d'accès du bâtiment conçu par Frank Lloyd Wright. Sur les murs de l'atrium du musée, d'autres artistes militants déploient des affiches réalisées à la main. La « substance étrangère », que le directeur Thomas M. Messer s'était donné pour mission de repousser, a désormais entièrement envahi son sanctuaire, ainsi qu'il adviendra également des décennies plus tard avec les interventions d'Occupy Museums, Gulf Labor Coalition et Global Ultra-Luxury Faction (GULF), qui exigent la fin de l'exploitation des travailleurs actifs au sein du monde de l'art, mais aussi dans la construction d'un nouveau Guggenheim Museum à Abou Dhabi où les droits de l'homme ne sont ni reconnus, ni tolérés[15].

Aujourd'hui, ironiquement, des institutions telles que le Guggenheim Museum ne sont que trop heureuses d'accueillir des performances artistiques similaires afin de déployer et « réchauffer » leurs espaces intérieurs, souvent marqués par une architecture moderniste froide, voire brutaliste, tout en améliorant, bien sûr, la vente de leurs billets, dans un univers qui se cramponne au divertissement et au spectacle – songez notamment aux nombreuses performances créées dans les vastes espaces de l'Atrium du Museum of Modern Art de New York ou du Turbine Hall de la Tate Modern. Autrement dit, au terme de décennies de contestation artistique face à l'autorité institutionnelle, le monde de l'art s'est retrouvé, et continue de se retrouver, face à une résistance active de la part de ces mêmes institutions, laquelle résistance prend parfois la forme d'une étreinte aimante pour autant que les artistes mécontents veuillent bien adoucir leur langue et remiser leurs épées.

Quelles que soient les leçons sur le retour de la résistance artistique que nous puissions tirer de cette histoire enchevêtrée, celles-ci soulignent l'importance de toujours précéder d'un pas l'institution, les marchés boursiers et les forces d'appropriation. Cependant, cela souligne également la nécessité d'avoir constamment une vision plus large de la contestation qui se produit au-delà du monde de l'art en tant que tel, en développant, à l'instar d'Hito Steyerl, des coopératives et des propriétés collectives qui détiennent leurs propres moyens de production artistique. En fin de compte, c'est la nature même de la résistance que de devoir toujours résister à nouveau, puis à nouveau, et après cela, de le faire encore.

[1] Edward Fry cité par Grace Glueck in « Ousted Curator
     Assails Guggenheim », *New York Times*, 1er mai 1971, p. 22.
     Voir également Grace Glueck, « The Guggenheim Cancels
     Haacke's Show », *New York Times*, 7 avril 1971, p. 7.
     Le 30 avril 1971 est la date originellement prévue pour
     l'ouverture de l'exposition de Hans Haacke.

[2] Platon, *La République*, Livre X, section 607b, trad. Émile
     Chambry, Les Belles Lettres, Paris 1932 ; disponible en
     ligne sur https://fr.wikisource.org/wiki/La_République_
     (trad._Chambry)/Livre_X [décembre 2021].

[3] Paul Mattick, *Art in Its Time: Theories and Practices of Modern
     Aesthetics*, Routledge, Londres 2003, p. 4.

[4] Dave Beech, *Art and Postcapitalism: Aesthetic Labour,
     Automation and Value Production*, Pluto Press, Londres 2019,
     p. 42.

[5] Emmanuel Kant, *Critique de la faculté de juger* [1790], trad.
     A. Philonenko, Vrin, Paris 1965, p. 139.

[6] David Cottington, *The Avant-garde: A Very Short Introduction*,
     Oxford University Press, Oxford 2013, p. 39.

[7] Saint-Simon, « L'Artiste, le savant et l'industriel », *Œuvres
     complètes de Saint-Simon et d'Enfantin*, vol. 10, Librairie de la
     Société des Gens de lettres, Paris 1875, p. 209-213 ; cité par
     David Cottington, *op. cit.*, p. 22.

[8] Ici et suivantes : Osama Abi-Mershed, *Apostles of Modernity:
     Saint-Simonians and the Civilizing Mission in Algeria*, Stanford
     University Press, Standford 2010, p. 32, p. 124, p. 210.

[9] Cité sur le site Internet d'Oliver Ressler : www.ressler.at/
     alternative_economics [décembre 2021]. Voir également
     Gregory Sholette, « Questions from an Artist Who Reads
     (and Thinks, Writes, and Speaks) », *in* Oliver Ressler et
     Aneta Szyłak, *Alternative Economics, Alternative Societies*,
     Wyspa Institute of Art, Gdansk 2007, p. 13.

[10] Orange Alternative : mouvement polonais anticommuniste
     fondé en 1981 ; NSK : collectif d'art politique slovène actif
     depuis 1984 ; The Yes Men : duo d'activistes dénonçant le
     libéralisme par la caricature ; Voïna : groupe russe menant
     des performances artistiques provocantes à vocation
     politique, créé en 2007.

[11] Gregory Sholette, « NFT Fever: Is it Time for a *Great
     Refusal 2.0?* », accessible sur https://networkcultures.org/
     moneylab/wp-content/uploads/sites/17/2021/11/Sholette_
     NFT–Fever–Electra-14-EN_Update.pdf [décembre 2021].

[12] Lev Manovich, disponible sur www.facebook.com/
     photo?fbid=10160336090507316&set=a.10150713914132316
     [décembre 2021].

[13] Voir le site Internet www.rcasu.org.uk/news/article/6013/
     RCA-NFT-ETH [décembre 2021].

[14] Grace Glueck, « Art Group Disrupts Museum Parley, »,
     New York Times, 2 juin 1970, p. 34.

[15] Pour plus de détail, voir les sites Internet d'Occupy
     Museums, de Gulf Labor Coalition, de Who Builds Your
     Architecture ?, et l'article d'Andrew Ross dans le présent
     volume.

Résistances : expérience esthétique, obscurité, invention, hésitation, aptitude à voler, l'art de se jeter au-delà de soi, Pessoa, labyrinthe, vertige, détour, critique & affirmation, doxa, sentiment d'insécurité de soi-même
Marcus Steinweg

Marcus Steinweg est philosophe et professeur à la Staatliche Akademie der Bildenden Künste de Karlsruhe. Parmi ses publications, citons *Politik des Subjekts*, Diaphanes Verlag, Zurich/Berlin 2009 ; *Aporien der Liebe*, Merve Verlag, Berlin 2010 ; *Kunst und Philosophie/Art and Philosophy*, Walter König, Cologne 2012 ; *Philosophie der Überstürzung*, Merve Verlag, Berlin 2013 ; *Inkonsistenzen*, Matthes & Seitz Verlag, Berlin 2015 ; *Evidenzterror*, Matthes & Seitz Verlag, Berlin 2015 ; *Gramsci Theater*, Merve Verlag, Berlin 2016 ; *Splitter*, Matthes & Seitz Verlag, Berlin 2017 ; *Subjekt und Wahrheit*, Matthes & Seitz Verlag, Berlin 2018 ; *Proflexionen*, Matthes & Seitz Verlag, Berlin 2019 ; *Humor und Gnade*, avec Frank Witzel, Matthes & Seitz Verlag, Berlin 2019 ; *Metaphysik der Leere*, Matthes & Seitz Verlag, Berlin 2020 ; *Quantenphilosophie*, Matthes & Seitz Verlag, Berlin 2021. La version anglaise de certains de ses ouvrages est publiée depuis 2017 chez MIT Press, Cambridge.

Expérience esthétique

En écho à Charles Baudelaire, Walter Benjamin évoque dans une note de son *Livre des passages* un « regard dans lequel la magie de la distance est éteinte[1] ». Il ne s'agit ni de magie esthétique ni de positivisme des faits. La magie de la distance est l'indice d'un ici-et-maintenant. Elle ne renvoie pas à des mondes éloignés, des fantasmes d'intégrité ou autres rêveries de la sorte. Au cœur de l'expérience esthétique, une fissure est béante. L'œuvre d'art ne se laisse pas posséder. Non parce qu'elle serait magique, d'une intégrité ésotérique ou religieuse mais parce qu'elle démontre l'inconsistance de sa non-intégrité factuelle. Elle est totalement de ce monde comme quelque chose qui lui apporte de la résistance. Le caractère de résistance de l'art prouve son aspect cosmopolite au lieu de le démentir. Dans l'art, il ne s'agit ni de réalisme ni d'idéalisme.

Il s'agit du désenvoûtement de ces faibles catégories.
Elles sont les concepts d'un marché d'idées qui détermine
encore le marché de l'art. Le marché des idées et celui
de l'art se partagent la même disposition à faire l'économie
de la réflexion au profit d'une catégorisation bon marché.
Tout est concentré sur l'économie et le profit. C'est là
qu'on trouve la véritable rêverie : dans une métaphysique
de la plus-value sur laquelle la non-réflexion active bâtit
sa consistance. Ce sont des architectures fragiles qui se
fourvoient dans leur fidélité à la réalité. On doit penser et
voir plus loin. La magie de la distance n'a rien de romantique.
Elle ne contient ni la moindre nostalgie ni la moindre
rêverie narcissique. Dans la féérie de la distance, la structure
de l'évidence que nous nommons réel se brise en deux.
L'art peut être l'indice de sa fragilité. Il relève le rien dans
l'être, le vide qui submerge tout. Cependant, le marquage
du rien n'est pas rien. Il s'agit de répondre à l'inconsistance
de la texture de l'être avec des marques de consistance
qui vont la conforter puisqu'elles lui résistent. Ce que la
vision consumériste ne peut supporter, c'est la résistance.
Elle mise sur un parcours sans résistance. L'art n'absorbe
pas l'art ; la réalité, pas la réalité. Il y a des visions qui vont
au-delà. La peur ne disparaît pas parce que l'on fuit le
rien dans le rien. L'art commence au moment où l'on se
prive de cette fuite sans régresser dans la métaphysique
des consistances.

Obscurité

L'expérience de la réflexion sera toujours celle d'une
certaine obscurité. L'incertitude qui s'immisce dans le savoir
en ébranle les fondements. Le sujet vacille. Il commence
à saisir que son savoir échappe à toute cohérence. Il y a
un mur. Au beau milieu de l'architecture du savoir, il bute
sur lui. Le mur n'est pas extrinsèque mais constitutif.
On pourrait nommer son fondement même s'il indique le
manque de fondement. L'expérience de la réflexion est
l'expérience d'une grandeur qui se dérobe ou d'une absence
quasi-divine. On a souvent pensé ainsi ! (Cela continue à
être légitime – mais que signifie ici la légitimité ?) Avec ou
sans Franz Kafka, nous nous mouvons devant une loi qui
se soustrait à toute légalité. Il est vrai qu'on devrait associer

l'évidence de ce qui n'est pas évident, la présence de
l'absence, la réalité de la non-réalité, la conscience de
l'inconscient, etc., à une lumière qui atteindrait le plus
profond de l'obscurité. Seule l'expérience de cette hyper-
luminosité qui réconcilie le regard avec son absence d'objet
peut se dénommer expérience de la réflexion. Penser face
à un soleil qui ne peut être ni ignoré ni regardé. Il est la
présence sans présence. Une présence *all over* qui contamine
tous les sens du sujet. Un soleil de la folie qui envoie le sujet
aux confins de son existence. Il n'y a plus de résistance.
Plus rien à quoi l'on puisse se rattacher. Lorsque réfléchir
devient davantage qu'une accumulation de savoirs, alors
cela coïncide avec l'impossibilité de réfléchir. L'objet de la
réflexion est l'absence d'objet. Celui qui pense risque de
perdre la nuit au profit d'un soleil qui lui enlève l'obscurité.

Invention

La philosophie est une invention de la philosophie. Il
n'existe pas de philosophe qui ne l'ait pas réinventée. Plutôt
que de s'assimiler sans heurt aux représentations de la
philosophie, l'accès philosophique à la philosophie exige de
la résistance à son encontre. C'est seulement de la résistance
opposée à la philosophie (d'alors) que la philosophie peut
venir. L'amour de la philosophie implique la critique de la
philosophie. Comme dans toute relation d'amour, elle inclut
l'approbation de ce dont on ne sait rien.

Hésitation

Jacques Derrida observe chez Theodor W. Adorno une
hésitation entre le non du philosophe et le oui de l'artiste,
entre la critique et l'affirmation, entre la transparence
et la non-transparence, l'évidence et la non-évidence,
la compréhension et l'incompréhension, la lumière et
l'obscurité[2]. Theodor W. Adorno est autant kantien que
nietzschéen. Il est hégélien pour autant que l'on puisse voir
se réaliser en Georg Hegel la compossibilité d'Emmanuel
Kant et de Friedrich Nietzsche, de l'*Aufklärung* et des
« Lumières » se révélant à elles-mêmes. Le projet critique
que la philosophie a toujours voulu être doit se saisir
de ses limites pour être critique. Le rêve de l'*Aufklärung* est

incontestablement un rêve. Dans la pensée de l'*Aufklärung*, le souhait d'un « éclaircissement » réussi persiste tout comme la fiction d'une auto-transparence réelle qui laisse apparaître un sujet autonome alors qu'il reste totalement immergé dans l'hétéronomie. C'est pour cela qu'il doit rêver ! Non pas pour se détourner de son aliénation mais pour se confronter à elle. La folie de la raison – sa seule chance – réside dans l'hyperbolisme[3]. Le sujet dispose – malgré un emprisonnement factuel dans le monde objectif ou justement à cause de lui – de la capacité à s'emballer. Lorsqu'il s'emballe, sa puissance s'articule. La résistance envers ses déterminants fait partie du sujet. Le refus de se réconcilier avec son être objectif en fait un animal politique. La capacité à se détacher de soi pour se dépasser vers un indéfini tout en refusant de cesser de rêver. Les rêves ne sont pas des rêveries. Theodor W. Adorno notait les siens. Ils ont été publiés sous le titre *Mes rêves*. Tout comme Jacques Derrida, il savait que le rêve fait partie de la pensée.

Aptitude à voler

Ce qui laisse le sujet affaiblir ses dépendances sans l'en déposséder, l'émancipation, serait – Baruch Spinoza, Friedrich Nietzsche, Michel Foucault, Gilles Deleuze et Antonio Negri l'ont corroboré – la sortie du ressentiment, le rejet de la négativité, le désengagement du fait d'être offensé et la victimisation d'une résistance qui ne soit plus passive, mais active envers tout ce qui freine la dynamique d'émancipation. L'émancipation laisse l'*esprit de vengeance* en suspens. La réactivité transforme le sujet en non-sujet de la réaction, raison pour laquelle il doit se libérer de la logique du rejet pour accéder à une approbation d'une liberté libérée de la négativité. On pourrait l'appeler liberté dans une non-liberté objective. Elle ne serait ni une liberté absolue ni une liberté négative. Sa caractéristique principale : être prête à voler. C'est pourquoi Gilles Deleuze et Félix Guattari parlent du survol qu'ils réclament pour l'art, la philosophie et la science[4]. Pendant le survol, le sujet survole le territoire survolé sans le quitter. Il garde contact avec lui en intensifiant sa distance avec lui. Et comme chacun sait, l'intensité est un synonyme d'infinitude (finale).

L'art de se jeter au-delà de soi

Que l'art soit, comme l'écrit Jean-Luc Nancy[5], l'art de se
jeter au-delà de soi signifie qu'il est, dans une absorption au
plus profond de soi, transcendance, excès et dépassement.
Il ne s'inclut pas dans le fantasme de pure individualité mais
ne se légitime pas non plus dans l'activisme politique.
Ce qui en fait de l'art est sa résistance face aux tentations
de l'art-pour-l'art et de l'auto-instrumentalisation bien
intentionnée. Il n'est ni utile ni inutile ou, plutôt, il est les
deux en même temps, avec la même intensité. L'art ne
parle pas seulement de son aspect extérieur ; il est depuis
longtemps habité par lui sans qu'on ne puisse plus l'en
différencier, comme les vaches de Georg Hegel qui disparais-
sent dans l'obscurité. En résistant à son environnement,
il témoigne de sa dépendance et de sa résistance. Il se tient
au milieu d'une dialectique de liberté et de non-liberté sans
trouver le repos d'un côté ou de l'autre. L'art de se jeter
au-delà de soi exprime une dynamique qui n'aboutit pas au
calme. L'apriorisme de la transcendance, ni religieux ni
théologique, marque son aspect extérieur. Il est proche des
réalités qui le nient alors qu'il perce en elles des trous pour
les déstabiliser par le doute. C'est cette tension qui le crée,
la précision de ce tremblement et de ce glissement que les
œuvres d'art importantes manifestent. Elles oscillent entre
confiance et étrangeté, ancienneté et nouveauté, évidence et
non-évidence. Transcrites dans le vocabulaire de l'Idéalisme
allemand, elles diffusent le conflit de l'identité et de la
différence, de la finitude et de l'infinitude. Au lieu de se plier
aux impératifs de l'utilité et de l'inutilité, l'œuvre d'art met
en lumière la scène d'un conflit insoluble.

Pessoa

Dans *Le Livre de l'intranquillité* (1982, publication posthume),
le lecteur tombe sur un passage intitulé « L'esthétique
de l'indifférence[6] ». Le protagoniste du livre, l'assistant
comptable Bernardo Soares, s'ouvre au caractère violent de
la réalité. Ce que nous nommons réalité interfère dans la
substance du sujet. Le contact ludique avec la réalité fait
partie de la pratique artistique. Elle ne s'incline jamais devant
l'impérialisme de l'existant. Mais elle n'a pas le droit de

contester son efficacité. L'art ne joue pas à des jeux d'enfants mais il joue, c'est-à-dire qu'il s'ouvre à la contingence. Comme Friedrich Nietzsche le savait, cette ouverture repose sur une indifférence passionnée. Friedrich Nietzsche connaît le jeu du hasard auquel n'osent jouer que ceux qui sont prêts à basculer dans l'indéfini. L'*amor fati* de Friedrich Nietzsche n'a rien à voir avec le déterminisme. Il décrit une ouverture sur l'imprévisible limitée par l'indifférence. Fernando Pessoa évoque une « intime délicatesse » qui exige la neutralisation du ressenti subjectif = aristocratie rationnelle = résistance contre le pathos du sentiment = résistance contre la tentation de se poser comme un animal sentimental qui se plie à ses pathologies/instincts. L'indifférence fait partie de l'existence artistique. Elle ne suit jamais les goûts. En même temps, elle se méfie des objectivisations de la science et suit d'autres représentations. Le jeu et le sérieux se rejoignent en elle. Elle découvre la beauté dans ce qui est laid et oublié. Son indifférence doit être prise au sens littéral. Elle n'évalue pas. Elle regarde. Ainsi, elle résiste à sa propre culture qui n'est que le dispositif d'attentes et d'impératifs politiques, esthétiques, religieux et sociaux. C'est ce que pense Georges Bataille lorsqu'il parle de souveraineté : la propension à jouer à un jeu qui n'est pas celui des cultures établies. Prendre le risque de ressortir changé de ce jeu[7]. Cela concerne toujours le sujet dans son entièreté. Il laisse vaciller ses certitudes, se chasse hors de lui-même. Il ne faut pas occulter la dimension théâtrale de la pratique esthétique. L'art se déroule sur la scène des réalités existantes. Il joue avec elles en ré-agençant ses éléments. Ainsi, il laisse percevoir les réalités autrement. Soudain, on prend conscience de ses contingences. Elles sont telles qu'elles sont sans y être forcées. Tout pourrait être autrement. L'esthétique de l'indifférence de Fernando Pessoa se révèle comme une résistance contre la puissance de l'existant. À cet égard, elle est tout sauf indifférente. Il s'agit d'une esthétique non-indifférente de l'indifférence qui motive le sujet à sa propre reconfiguration et à celle de son monde. Pour cela, nul besoin de pathos émotionnel ou d'une quelconque hyper-irritabilité. Le contrôle des passions fait partie de l'existence artistique : « Faire du désir une chose inutile et inoffensive, comme un délicat sourire de l'âme en tête-à-tête avec elle-même ; et faire d'elle une chose qui jamais ne songe à se réaliser, ni à se dire[8] ». C'est la résistance à la tentation de l'expression qui affirme l'implication du sujet dans son activité. En fait partie la discipline du joueur qui assiste au jeu avec le regard calme *comme* un non-joueur et non *en tant* que non-joueur. Son existence est en jeu. Pourtant, il reste gai. Il sait que seul celui qui est susceptible de perdre va gagner. En dernier lieu, ces catégories sont inutiles. Il n'y a ni gagnant, ni perdant. Seulement le battement d'ailes d'une époque s'évaporant dans l'infini. Lui répondre avec des mots, des formes, des images ou des rêves est ce que l'art peut offrir : « Je n'ai jamais rien fait d'autre que de rêver[9] ».

Labyrinthe

Les souvenirs de Berlin de Walter Benjamin dépeignent la ville davantage comme une promesse que comme la réalité. Se mouvoir en elle revient à s'égarer en elle. C'est la seule chance qu'ont ses écrits de ne pas détourner le regard de sa réalité. Si l'on lit son *Enfance berlinoise vers 1900* (1932-1939), on a l'impression de se retrouver dans un laboratoire d'écriture. Aussi abouti que soit chaque texte du manuscrit, tous communiquent fortement ensemble. On croit les entendre murmurer et chuchoter. Le tout bouillonne encore et se résigne à une forme définitive. On a relevé le trait labyrinthique de l'écriture de Walter Benjamin. On devrait rajouter que chaque texte s'ajoute à la structure globale du labyrinthe devenu livre, telle une chambre ou une pièce enchantée. Les lecteurs et les lectrices se déplacent en lui comme des personnages de jeux vidéo. Surprises non exclues, dangers et rencontres providentielles avec les fantômes sortis de la fantaisie d'un enfant non plus. C'est sans doute cela qui fascinait Jacques Derrida chez Walter Benjamin : l'expérimental de son écriture, la forme ouverte de la texture qu'il crée. Le texte de Walter Benjamin s'effrange de toutes parts. Il communique avec le monde extérieur qu'il ne cesse de rattraper dans le mouvement de l'écriture. Les souvenirs d'enfance se meuvent à la croisée de la réalité sociohistorique et des tissus oniriques. Walter Benjamin accorde aux deux dimensions une attention entière. Déjà ici, en germe, sa poétologie métaphysique : elle réunit les réalités matérielles avec la force de l'imagination qui prend en compte l'aspect fantastique du réel. Cela rapproche Walter Benjamin et Robert Walser. Les deux parviennent à accueillir des fantômes au cœur du monde réel. Ils sont les indices d'un monde qui ne se fond pas au présent. La présence de fantômes – l'un des textes d'*Enfance berlinoise* s'intitule « Un fantôme[10] » – doit marquer le caractère de retrait du réel, son incomplétude. Pas de présent sans fantôme ! Ni chez Walter Benjamin, ni chez Robert Walser ni chez Franz Kafka. Leurs textes deviennent des histoires de fantômes en ce sens qu'ils s'ouvrent sur les parties floues du monde, la magie et les mystères qu'ils tiennent à disposition pour celui qui s'en approchera grâce à la naïveté de l'enfant qui reste critique face aux autorités factuelles. Le monde sensible des sons de cliquetis et des parfums alléchants. Un monde qui résiste à son désenchantement tant que la conscience d'enfant s'y meut, ni ignorante ni naïve, mais avec une forte absence de jugement et un soin analytique. Jusque dans son travail sur les passages, Walter Benjamin s'est soustrait à la fausse alternative du réalisme ou de l'idéalisme. Tous ses textes illustrent sa propension à s'approcher du monde, sans en sortir une seule seconde, avec l'insouciance de celui qui, d'une certaine façon, n'en fait pas partie.

Vertige

Les écrits de Walter Benjamin sur la drogue célèbrent-ils l'ivresse ? Il s'agit davantage de documents d'une lucidité résistante. Souvent, la conscience rampe dans l'angle le plus reculé de la perception. Elle reste agent dans sa passivité radicale. Elle se perd dans les détails pour leur arracher leur logique. Elle dérive au gré de la folie sans y sombrer. Son vertige est assuré. On pourrait parler du vertige exact. Un sujet se voit dans sa propre perte pour la documenter. Les notes de Walter Benjamin sur les drogues sont d'une excessive lucidité.

Détour

Emmanuel Levinas propose de définir la dialectique comme une « évidence à retardement[11] ». On comprend ce qu'il veut dire. Le détour vers l'autre et vers l'extérieur fait partie de la dialectique. Finalement – bien qu'avec du retard –, le sujet en vient à lui. C'est la représentation de la dialectique que le hégélianisme partage avec l'anti-hégélianisme. Il se peut que la dialectique soit quelque chose de bien différent : plongée dans l'évidence dès le départ. La pensée dialectique devrait s'en libérer. Au lieu d'une évidence à retardement, il s'agirait d'une émancipation vis-à-vis d'elle. Non pas pour basculer dans une sorte d'obscurantisme ou de mystique mais comme une résistance contre l'exigence d'évidence au cœur de l'évidence. Au lieu de se défaire totalement d'elle, ce qui est impossible, elle lui retire la confiance. On peut nommer pensée ce qui prend le risque d'une rupture interne avec ses conditions. Celui qui pense est conscient de ces conditions puisqu'il y résiste. Cela n'a rien à voir avec l'irrationalisme. Il s'agit bien davantage de présenter à l'impérialité du système d'évidence, qui est notre réalité, l'arbitraire ontologique. La pensée dialectique s'oppose à elle-même en s'en remettant aux limites de ses évidences.

Critique & Affirmation

Le triomphe du spectacle sur la philosophie se réduit à chaque fois à des attitudes de résistance ou à une apologie des faits. Pourtant, la philosophie insiste sur l'alliance de l'affirmation et de la critique tant qu'elles se corrigent réciproquement. L'approbation, comme le refus, fait partie de la pensée, tout comme la gaieté et l'irritation. Gilles Deleuze l'exprimait ainsi : « il est vrai que la philosophie ne se sépare pas d'une colère contre l'époque, mais aussi d'une sérénité qu'elle nous assure[12] ».

Doxa

Dans la résistance de la philosophie vis-à-vis de la pensée commune (δόξα), on pourrait penser que l'opinion qui s'exprime correspond à une opinion qu'elle ne peut s'empêcher de démentir.

Sentiment d'insécurité de soi-même

Dans la réflexion, le sujet a pour cible la situation. Cela en fait une pratique politique véritablement de gauche. Penser est un sentiment d'insécurité pour soi-même. On ne pense pas sans raison. Toute pensée pertinente trouve son impulsion dans le surmenage. Sa nécessité est un réflexe né de l'urgence de sa situation. Sans problème, elle n'existe pas. Heiner Müller : « À partir d'un certain degré de sécurité économique, on ne veut plus penser ; penser, le triomphe de la résistance est bien trop fatigant. On préfère aller au cinéma ou jouir du vide engendré par la télévision. C'est le facteur qui a provoqué l'échec de l'*Aufklärung*. À partir d'un certain point, l'évolution de l'économie et de la conscience font le grand écart[13] ». Au final, il s'agit de saisir cet écart comme quelque chose de constitutif à la conscience. Le fait de penser risque de déchirer le sujet en lui ôtant ses certitudes. Celui qui se croit en sécurité va à peine commencer à penser. Seule la perte de sécurité déconcertante du sujet sur le monde dépourvu de sécurité met la dynamique de pensée en marche.

Le concept de création est-il obsolète ? En tant que catégorie de l'art, le concept renvoie à son origine théologique ainsi qu'à une esthétique de génie romantique et masculin. Dans le domaine de la finance, la création de valeur indique que du rien = métaphysique monétaire. Pourtant, Gilles Deleuze & Félix Guattari utilisent le concept. Ils le font pour définir la philosophie comme une création de concepts. Ils le font aussi pour pousser la langue dans ses complications. Le résultat est une danse des concepts, qui s'ouvre sur du non-concevable avec lequel ils sont en lien depuis longtemps. C'est une danse de la pensée qui s'attend à être davantage qu'un compte-rendu de l'existant. Un minimum de légèreté fait partie de chaque pensée qui ose s'échapper de la pensée établie pour entrer en coalition avec le chaos. Penser nécessite de se laisser aller à cette danse qui peut signifier beaucoup et notamment perdre la tête d'une manière très précise. Cela en fait un flirt avec l'impossible. Cette danse nécessite la propension à consentir à un vacillement qui génère ses propres lois. Dans le vertige de la pensée, le sujet affirme la perte de contact avec le sol. Il commence à se survoler et intensifie, lors de ce survol, son contact avec ce qu'il survole. La création n'est pas une classification romantique. La création signifie la perte d'orientation, le courage envers l'inconnu, avec la sobriété et la discipline de l'athlète du concept qui résiste aux doctrines de son temps[14].

[1] Walter Benjamin, *Le Livre des passages. Paris capitale du XIXe siècle*, Éditions Du Cerf, Paris 1989, p. 23.

[2] Jacques Derrida, *Fichus*, Galilée, Paris 2002, p. 13.

[3] Jean-Luc Nancy note que « Kant est le premier à dire que la raison est poussée par un *Trieb*. C'est-à-dire ce que nous, à cause de Freud, nous traduisons par "pulsion" et que longtemps on a traduit par "instinct" – que c'est une poussée. Une poussée vers ce que Kant appelle l'inconditionné », *in* Alain Badiou, Jean-Luc Nancy, *La Tradition allemande de la philosophie*, Lignes, Paris 2017, p. 20.

[4] Gilles Deleuze & Félix Guattari, *Qu'est-ce que la philosophie*, Éditions de Minuit, Paris 1991, p. 197.

[5] Jean-Luc Nancy, *Visitation (de la peinture chrétienne)*, Galilée, Paris 2001, p. 10.

[6] Fernando Pessoa, *Le Livre de l'intranquillité*, Christian Bourgois, Paris 1988, p. 93.

[7] Celui qui ne prend pas le risque de chuter reste au sol selon Theodor W. Adorno. Voir Theodor W. Adorno, *Théorie esthétique*, Klincksieck, Paris 2011, p. 258.

[8] Fernando Pessoa, *op. cit.*, p. 94.

[9] *Ibid.*, p. 96.

[10] Walter Benjamin, *Enfance berlinoise vers 1900*, Les Lettres Nouvelles, Paris 1978, p. 102.

[11] Emmanuel Levinas, *Sur Maurice Blanchot–Le Regard du poète*, Fata Morgana, Paris 1976, p. 10.

[12] Gilles Deleuze, *Pourparlers 1972-1990*, Éditions de Minuit, Paris 1990, p. 7.

[13] Heiner Müller, *Conversations, 1975-1995*, Éditions de Minuit, Paris 2019, p. 102.

[14] Tout ce qui compte dans l'histoire de la pensée est en lien avec le fait de perdre la tête avec minutie. Cela vaut aussi pour Emmanuel Kant. La *Critique de la raison pure* (1781-1787) est un excès de sobriété. En fixant les limites des capacités de connaissances humaines, elle affirme les inévitables dépassements de ces limites. C'est dans la nature de la raison d'être poussée à se dépasser soi-même. Aucune philosophie qui ne puisse s'épargner l'excès de raison. Il s'agirait sinon simplement d'administrer un savoir établi. Penser signifie faire ce que l'on ne peut pas – et cela avec une grande précision.

Sensure
Michel Thévoz

Michel Thévoz est licencié en lettres de l'Université de Lausanne et diplômé de l'École du Louvre, Paris. Professeur honoraire à l'Université de Lausanne, il a été conservateur au Musée cantonal des Beaux-Arts de Lausanne, puis conservateur de la Collection de l'Art Brut de sa fondation en 1976 jusqu'en 2001. Il a consacré une trentaine d'ouvrages à des phénomènes *borderline* tels que l'académisme, l'art des fous, le spiritisme, le reflet des miroirs, l'infamie, le syndrome vaudois et le suicide. Il a récemment publié *L'Art suisse n'existe pas* (2018) aux Cahiers Dessinés ainsi que *L'Art comme malentendu* (2017) et *Pathologie du cadre. Quand l'Art Brut s'éclate* (2020) aux Éditions de Minuit.

On me pardonnera ce mot-valise au relent lacanien, mais qui a ses raisons que la raison élude. Il m'est inspiré par une chronique de Jean-Jacques Roth, rédacteur en chef adjoint du *Matin Dimanche* à Lausanne, datée du 24 septembre 2017, traitant de l'exposition d'Ai Weiwei au Musée cantonal des Beaux-Arts de Lausanne, qui a accueilli plus de 100 000 visiteurs, chronique intitulée « Ai notre vengeur ». Je cite : « Ai est l'un des artistes majeurs de l'époque et l'un des plus universellement connus : dissident notoire, ardent utilisateur des réseaux sociaux, emprisonné puis assigné à résidence avant de quitter la Chine, il s'est fait connaître aussi bien par sa dénonciation du régime que par son travail artistique. Sous le feu d'une médiatisation dont il connaît tous les codes, on pourrait croire qu'il est un produit de cet art globalisé et sans âme qui accable tant les nostalgiques. Or c'est tout le contraire. Les œuvres d'Ai Weiwei peuvent être microscopiques ou monumentales, elles ont toutes un sens, et en général deux. »

Ainsi, Jean-Jacques Roth donne-t-il son adhésion enthousiaste à l'œuvre d'un artiste dissident, engagé et courageux, qui se démarque pour une fois de l'hermétisme élitaire de l'art contemporain. Le chroniqueur insiste sur l'« exigence de sens » et, plus précisément, d'œuvre en œuvre, sur la résistance d'Ai Weiwei à la dictature, à la xénophobie, à la vidéosurveillance universelle, etc., résistance qui est le ressort de ses productions. Sa jubilation fait écho aux exigences de Platon, qui, dans *La République*, stigmatisait les artistes prisonniers des apparences. Celles-ci ne sont qu'émanations confuses d'une réalité qui, en vérité, est de nature intelligible. Il conviendrait donc de se dégager de l'immédiateté et de remonter à contre-courant vers l'« Idée », qui ne fait que transparaître dans la dégradation sensible.

Donc, tout va bien ! Le véritable artiste est un médiateur, ou un médium, qui ne se laisse pas prendre aux fausses évidences comme le commun des mortels. Il s'efforce d'entraîner ceux-ci hors de la caverne aux illusions dans laquelle ils ne demanderaient qu'à s'installer. Tout va si bien, quant à cette légitimation vertueuse et héroïque de la création d'art, qu'il nous vient l'envie d'inverser l'appréciation : et si le résistant n'était pas celui que l'on pense ?

Commençons par appliquer le précepte scolaire de définition des termes. Le mot « résister » (étymologique-ment « faire obstacle à ») a pris, depuis le début du XXe siècle, deux acceptions divergentes, selon le principe du partage des eaux. Du côté politique, la résistance, c'est le refus de soumission à une autorité intolérable, ce qui lui confère une valeur émancipatrice, parfois même héroïque ; du côté de la psychanalyse, à l'opposé, la résistance, c'est l'esquive devant une vérité inavouable. Le militant et le névrosé résistent donc en sens inverse. Du point de vue éthique, il conviendrait, respectivement et contradictoirement, d'encourager la résistance et de la lever.

Dans le champ artistique, c'est l'acception politique et combative qui domine, comme déjà la terminologie l'indique : l'art vivant se traduit par une *contestation* et une *subversion* des formes instituées ; il se constitue en *avant-garde* instigatrice d'une *révolution* symbolique. Depuis la querelle des Anciens et des Modernes jusqu'aux débats sur l'art contemporain, en passant par le Salon des Refusés, le scénario de la résistance des artistes aux poncifs officiels est devenu lui-même un poncif ; c'est pourquoi nous opterons pour l'acception négative, en envisageant non pas la résistance *de* l'art ou *des* artistes, mais la résistance *à* l'art.

Ladite résistance est originelle – disons qu'elle est apparue dès le moment où la production d'images, de sons, de danses, etc., s'est dissociée de la magie, de la religion, de la thérapie et des rites collectifs pour s'affirmer en création spécifique, dévolue à des spécialistes, et indexée par le terme d'*art*. À l'instar de la première cellule vivante qui s'est constituée en s'entourant d'une membrane, s'assurant ainsi contre l'environnement et filtrant ses échanges avec lui, l'art s'est *autonomisé* en s'encadrant. Or, la protection est bilatérale : la société s'assure en retour contre l'art et filtre ses échanges avec lui par le moyen du cadre (physique, mais surtout symbolique, ou névrotique). Plus précisément, la société résiste à l'*incertitude* spécifique de l'art par une attribution de sens. Telle est l'hypothèse que je me propose de développer.

Cordon sanitaire

Disons, pour simplifier, que l'art spécifié comme tel est né avec l'humanisme. On peut le considérer comme une reconduction laïque de la transcendance. À la Renaissance, le temps d'une génération, les artistes sont passés du statut de travailleurs anonymes à celui de vedettes hors de prix, une mutation qui est en relation avec le passage de la féodalité au capitalisme de marché. La violence du pouvoir s'exerce de moins en moins par la force physique ; elle se *représente* par le luxe, l'apparat, le prestige, sous des formes de plus en plus élaborées, qui sollicitent le concours des artistes et stimulent leur inventivité. C'est à qui, dans le monde aristocratique et bientôt bourgeois, pourra se prévaloir des créateurs les plus talentueux. Le prestige se mesure même, et paradoxalement, à la capacité du Pouvoir de tolérer des productions qui peuvent s'exercer contre lui.

Le problème, c'est justement ce seuil de tolérance, qui, répétons-le, se concrétise physiquement et symboliquement par le cadre (soit par la bordure dorée et par la sanctuarisation). Ainsi se trouve circonscrit un champ d'expériences dangereuses, qu'on pourrait comparer aujourd'hui à ces laboratoires de virologie où s'anticipent les épidémies de l'année, et d'où pourraient s'échapper des souches ravageuses. Dès le Quattrocento, mais surtout à partir de ce qu'on a appelé le maniérisme, les artistes se sont livrés à des spéculations méta-picturales mettant en jeu le principe même de la représentation, aussi inquiétantes par conséquent que les manipulations génétiques aujourd'hui. Il était de toute importance de contenir ce champ sensible dans un registre imaginaire rigoureusement clôturé. Tel est le *double bind* qui, dès la Renaissance, s'exerce sur les artistes : « Lâchez-vous, inventez ! Mais ne transgressez pas le périmètre de sécurité » !

L'injonction contradictoire se reconduit à l'intérieur même de cette zone sanitaire par l'obligation de donner aux dites spéculations une couverture respectable. Au départ, c'est-à-dire dans les premières représentations naturalistes, le sens-alibi se traduit par ce qu'on a appelé l'*historia*, l'action exemplaire, la scène édifiante – bien-pensante en raison même de la hardiesse formelle qu'on lui demandait d'innocenter. Andrea Mantegna invoque la mort de Jésus pour oser *le* raccourci mythique ; Hans Holbein détourne une pieuse *vanitas* pour expérimenter l'anamorphose ; Diego Vélasquez feint la courtisanerie pour déjouer la théâtralité de la représentation ; Jacques-Louis David donne avec quatre ans d'avance une version hellénique du Serment du Jeu de paume ; Francesco Goya se disculpe de son sadomasochisme par des légendes horrifiées ; Édouard Manet dévoile dans ce qu'il donne pour un nu couché l'anatomie de la peinture même ; Sergueï Eisenstein traite un Yvan terriblement académique dans un langage cinématographique révolutionnaire ; avec *Guernica,* Pablo Picasso donne un certificat d'honorabilité politique à la mise en scène de ses fantasmes sexuels – faut-il allonger la liste ? Dans tous les cas, le contenu est *sursignifié* pour faire passer les manipulations du signifiant – ou, pour reprendre la formule de Paul Valéry, « la forme réfute le fond ».

« Un "Fait", dit encore Paul Valéry, est ce qui se
passe de signification. » C'est bien pourquoi les *faits,* tels
quels, à nu, nous sont intolérables ; ils sont par définition
inédits, hautement improbables, angoissants, nous
cherchons par réflexe à les ramener au connu, c'est-à-dire
au *sens,* au déjà-dit, au poncif – à l'ère médiatique et
consumériste, on devrait même parler de « dégénéré-sens ».
Les artistes, certes, affrontent l'« encore-non-symbolisé »
que Jacques Lacan nomme *la Chose* ; seulement, ils com-
posent avec l'« exigence de sens » des usagers de l'art.
Ce sont des contrebandiers qui font passer leur « passion
du signifiant » sous le couvert de signifiés postiches. Si l'on
admet que la création artistique est une affaire de forme,
ou de subversion dans l'ordre des signifiants, on définira
donc la résistance (névrotique) comme une protestation
du sens contre de telles manipulations ou, plus subtilement,
comme une rationalisation, une disculpation ou une
justification théorique ou anecdotique de la subversion
formelle. Ainsi s'expliquerait la prédilection du grand
public pour les artistes qui se prêtent le mieux au récit, les
écorchés vifs de préférence, du genre Vincent van Gogh
ou Chaïm Soutine – on va jusqu'à attribuer à Edward Hopper
un tempérament dépressif qui se déclinerait en ombres
et en lumières.

On pense au désarroi de Denis Diderot, l'apologiste
fondamentaliste du *sens* dans les arts, mais pris plus que tout
autre dans l'antinomie. Selon lui, la peinture idéale est celle
qui se met au service d'une idée, d'un caractère ou d'une
passion, qui les met en scène selon une unité dramatique
rigoureuse, qui fixe l'instant crucial du meilleur rendement
narratif, qui fait jouer théâtralement tous les éléments,
personnages, accessoires, décors, etc., qui compose et qui
cadre de manière à exclure ce qui n'aurait pas de pertinence
sémantique. Denis Diderot, dès lors, s'en veut de sa prédilection pour la peinture de Jean-Siméon Chardin, qui déroge
à *tous* ses préceptes, même et surtout dans ses scènes
avec personnages. On serait tenté d'attribuer le génie de
Jean-Siméon Chardin à une *passion picturale de l'insignifiance,*
révolutionnaire dans ce siècle éminemment logophile,
et scandaleuse pour son plus grand admirateur.

Logocratie

Depuis notre entrée dans ce que Marshall McLuhan a appelé
la « Galaxie Gutenberg », l'ordre symbolique, à dominante
verbale, est devenu comminatoire : il nous accule à des
oppositions structurales, il nous somme de trancher, et il
relègue les expressions de nature visuelle, acoustique ou
poétique dans un registre périphérique d'indétermination.
L'art, notamment, contrairement à ce que Denis Diderot
professe mais conformément à ce qu'il ressent, c'est la
permission de s'exprimer sans avoir à prendre un parti
ontologique, éthique ou même esthétique ; c'est l'*exemption
du sens*, même et surtout dans un temps où la mise à nu
signifiante exigeait le port d'un voile narratif.

Or, c'est dans ce champ de désorganisation, dans ce
vivier de virtualités, dans ce vide implosif, dans ce gisement
de signifiants en quête de signifiés, dans l'art, pour tout
dire, que la pensée verbale se ressource, *tout en le disqualifiant*.
Comment expliquer autrement que, depuis la Renaissance,
ou déjà depuis la Haute Antiquité, depuis les prémisses
sculpturales de l'anthropocentrisme, l'art soit prophétie,
qu'il ait régulièrement un temps d'avance sur les événements
et sur la pensée ? Mais, aussi bien, comment expliquer le
mutisme des grands penseurs et des grands philosophes
à cet égard ? Ce ne sont pas des extraterrestres qui auraient
cogité leurs découvertes en mode autiste. Voudraient-ils
nous faire croire qu'ils n'ont rien vu ni entendu de l'art de
leur temps, alors même que la relation ou l'inspiration est
évidente ? On pourrait dire en paraphrasant Edgar Degas
que certains d'entre eux, à commencer par Platon, ont
fusillé les artistes, mais qu'ils leur ont fait les poches – du
moins, pour la plupart, ont-ils été réticents à avouer
leurs sources.

Si l'on s'en tient à un bref arrêt sur le XIXe siècle,
le temps de la grande révolution symbolique, on notera pour
commencer que Georg Hegel dénie toute reconnaissance
de dette, pour la bonne raison que, à ses yeux et à ses oreilles,
l'art, si universel eût-il été, n'existe pas ; il a déjà trouvé sa
solution définitive, si l'on ose dire, dans la philosophie
– dans la synthèse hégélienne, étonnamment… Karl Marx
a mis au jour les processus de production de valeur, dans le
temps où les réalistes et les impressionnistes faisaient

transparaître le travail structurant de la touche picturale –
cependant, quand, pour une fois, dans *L'Idéologie allemande*
(1845-1846, avec Friedrich Engels), le philosophe de la
révolution a bien voulu évoquer un artiste de son temps,
élogieusement de surcroît, c'est Horace Vernet, directeur
de l'Académie de France à Rome, qui lui vient à l'esprit,
que Charles Baudelaire rendra piteusement célèbre dans son
Salon de 1846 (« un militaire qui fait de la peinture ») – et
dont il se trouve que le Musée cantonal des Beaux-Arts de
Lausanne conserve l'œuvre peut-être la plus crapuleuse
de l'académisme français, une *Première messe en Kabylie* (1854),
célébrée directement après un massacre sur un autel de
fortune fait de tambours empilés, tandis que les vaincus
esquissent une génuflexion contrainte. Quant à Sigmund
Freud, on aurait voulu son avis sur Gustav Klimt, Egon
Schiele, Ferdinand Hodler, Alban Berg, Arnold Schönberg,
qu'il n'a pas pu ne pas voir ou ne pas entendre – plus tard,
il traitera les surréalistes de demi-fous. Cette scotomisation,
ou déni de réalité, généralisée ne peut être imputable qu'au
logocentrisme de la Galaxie Gutenberg, c'est-à-dire à la
déconsidération des expressions préverbales ressortissant
à l'intelligence visuelle ou musicale – étant entendu que
la sacralisation de l'art, le cas échéant, n'est que la variante
dénégative et prophylactique du refoulement (les programmes scolaires aujourd'hui montrent que nous échappons
moins que jamais à ce champ d'attraction).

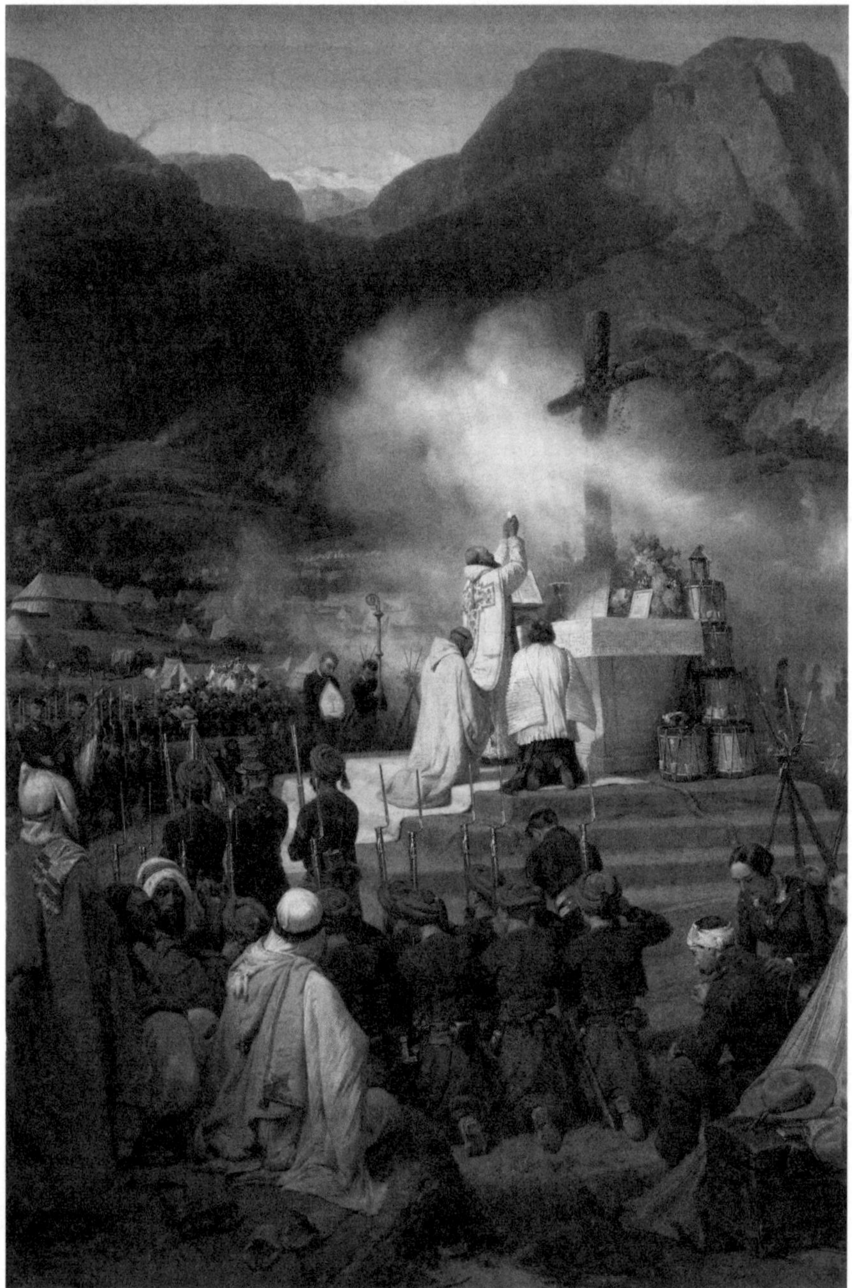

Horace Vernet
Première messe en Kabylie, 1854
Huile sur toile, 194 × 123 cm
Musée cantonal des Beaux-Arts, Lausanne

Anti-flair

Le paradoxe veut que, par une sorte d'allergie heuristique,
les « réactionnaires », les censeurs, ou les présumés obscu-
rantistes, soient beaucoup plus sensibles à l'authentique
créativité que les grands esprits, dont on attendrait pourtant
une ouverture à cet égard. En 1968, après une représentation au Théâtre de Carouge, *Paradise Now* du Living Theatre
fait l'objet d'une interdiction municipale pour atteinte
à l'ordre public. En 1969, l'exposition de Harald Szeemann
Quand les attitudes deviennent forme à la Kunsthalle de Berne
est contrainte à une fermeture prématurée, pour la même
raison. En 1992, les dessins de Hans Ruedi Giger (1940-2014)
exposés à Saint-Gall tombent sous le coup d'une accusation
d'obscénité. En 2005, l'œuvre *Ruan* (1999) de l'artiste
chinois Xiao Yu (*1965) est retirée de l'exposition *Mahjong*
au Kunstmuseum de Berne sous la menace d'une plainte
pour atteinte à la paix des morts. Tout cela évoqué au
hasard de mes souvenirs personnels, mais il y aurait une
histoire à faire de la haine de l'art et de l'*infaillibilité* de
ses anathèmes.

Dernier épisode en date : la destruction de la ZAD
du Mormont, ordonnée par la cheffe du Département
de l'environnement et de la sécurité du Conseil d'État du
canton de Vaud le 30 mars 2021. Les « Zones à Défendre »,
qui se multiplient dans le monde, sont des occupations
illégales de territoires menacés par des constructions ou
des exploitations écologiquement désastreuses, prétextes
à des expériences de modes de vie alternatifs. Je dirai en
toute subjectivité que la visite de cette ZAD, la première en
Suisse, deux jours avant sa disparition, m'a procuré ma plus
récente émotion esthétique : un Rauschenberg à l'échelle
d'une colline, une manifestation libertaire d'art total
associant l'architecture, la sculpture, la musique, la danse
et la poésie, un retour inopiné de *Fluxus*, hors cadre muséal
de surcroît, par génération spontanée « là où ça fait mal ».
J'ai toutes les raisons de penser qu'en l'occurrence, les
casseurs légalistes ont pris leur décision non pas pour des
raisons politiques à proprement parler, mais *artistiques* –
comme s'ils avaient eux aussi pressenti la portée symbolique
de l'art, débordant l'esthétique, et, a fortiori, le politique.

On pense à la leçon que, plus de deux millénaires auparavant, avec une perspicacité troublante, Platon administrait dans *La République* (IV, 424) : « Ceux qui ont la charge de l'État ont le devoir d'être vigilants, de peur que, à leur insu, nos principes éducatifs ne se corrompent. Avant tout, pour ce qui concerne gymnastique et musique, ils doivent les préserver de toute nouveauté dérogeant à nos règles [...]. C'est par la musique que s'insinue le plus facilement l'esprit révolutionnaire, qui, cherchant peu à peu à faire son lit, vient couler doucement dans notre caractère et dans nos pratiques ; en suite de quoi, ayant grossi, il passe dans les conventions et jusqu'aux lois, jusqu'aux constitutions politiques ; en attendant qu'il finisse, dans les affaires privées comme dans les affaires publiques, par tout mettre sens dessus dessous. »

La censure a toujours frappé juste, elle a su viser les épicentres. Tel est le bénéfice latéral d'une certaine inculture : la sensibilité à des expressions qui échappent aux critères d'évaluation logocrates. Encore ne doit-on pas surévaluer la sagacité personnelle des censeurs eux-mêmes qui, après tout, ne sont pas des calculateurs diaboliques : ils opèrent en toute bonne foi, avec la conviction de servir une juste cause. On pourrait les assimiler à ces agents secrets, mus par le patriotisme, et qu'on se garde d'informer des objectifs ultimes de leur mission. Car le vrai sujet décisionnaire, en l'occurrence, c'est le Pouvoir en tant qu'entité transpersonnelle, fonctionnant à l'insu de ses agents, à l'instar des mythes régulateurs dont Claude Lévi-Strauss a fait l'analyse. On est effectivement sidéré par l'abîme qui s'élargit entre le génie du capitalisme et la niaiserie de ses larbins.

De la musique avant toute chose

Revenons par parenthèse à Platon et à son allergie à un art qui, aujourd'hui, nous apparaîtrait plutôt en retrait. Il faut savoir néanmoins que, à partir du VIe siècle avant Jésus-Christ, l'enseignement de la musique était obligatoire en Grèce, et même prioritaire, pour sa portée philosophique, mathématique et sociale : tous les écoliers grecs étaient astreints à la pratique d'un instrument (un orchestre n'est-il pas une micro-société communiste ?). Mais, surtout,

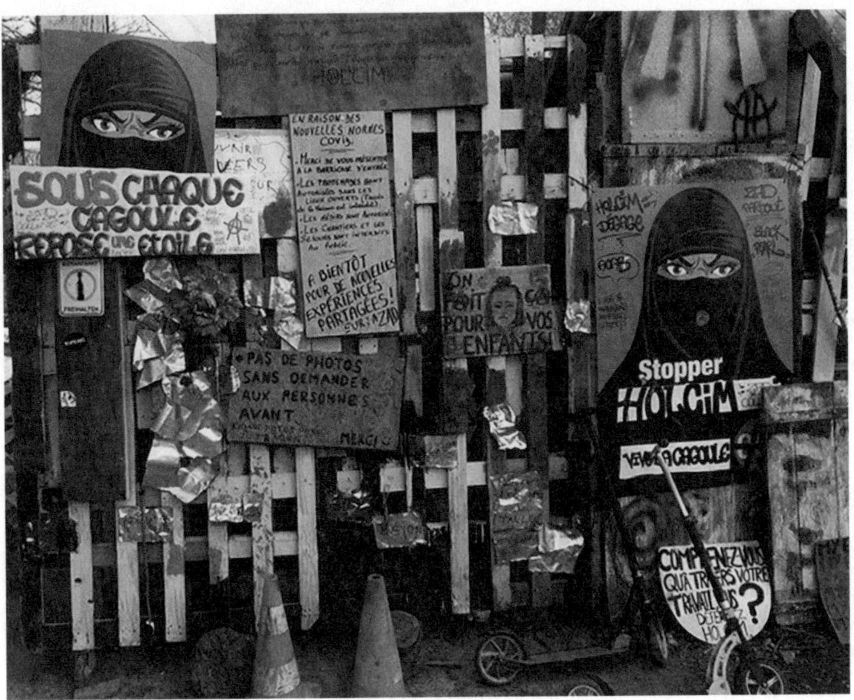

ZAD de la colline du Mormont, mars 2021
Première ZAD de Suisse créée en octobre 2020, démantelée en mars 2021, elle avait pour but d'empêcher l'extension de la carrière de ciment d'Holcim sur le plateau de la Birette.

la musique, c'est, plus que toute autre expression artistique,
« le langage moins le sens » (la formule est de Claude
Lévi-Strauss dans *L'Homme nu*, 1964). C'est la concaténation
du signifiant réduite à elle-même, en roue libre, déliée
de tous les points de capiton narratifs ou représentatifs (ce
n'est pas *La Mer* (1905) de Claude Debussy qui le démentira).
Contrairement aux images, aux mots ou aux algorithmes,
les sons de la gamme ne représentent rien, parce qu'ils
déterminent les formes mêmes de la représentation ; ils ne
nous apprennent rien, sinon d'apprendre à apprendre ;
ils sont les principaux et les plus subtils agents de l'émancipation ou de l'assujettissement – d'où la vigilance de Platon,
qui n'admet la musique que dans les cas où elle se fait
l'auxiliaire du *logos,* c'est-à-dire de la poésie, et mieux encore,
de la philosophie. Quant aux pouvoirs politiques, ils s'en
sont toujours méfiés. Les Talibans ont-ils lu Platon, pour
l'interdire purement et simplement ? Encore ne sont-ils
que néophytes en matière de répression, en comparaison
du capitalisme tardif, qui procède non pas par la prohibition
mais par l'overdose généralisée, dans tous les lieux publics
et par tous les canaux acoustiques, insinuante ou assourdis-
sante. Est-ce par une ironie délibérée que les tortionnaires
de Guantanamo infligent aux islamistes présumés de
la musique rock vingt-quatre heures sur vingt-quatre ?
Se doutent-ils qu'ils n'en sont qu'à la phase expérimentale
de la *solution finale* de la musique : bien loin de fermer la
prison de Guantanamo, on est en train de la planétariser…

Aujourd'hui, les artistes sont évidemment les premiers à
résister (au sens émancipateur) à cette *résistance* (névrotique),
et à transgresser un encadrement qui est à la fois physique
(l'espace institutionnel de l'art) et symbolique (la contention
du signifiant par le Verbe). On ne peut que se reporter au
« paradigme de l'art contemporain » tel que Nathalie Heinich
l'a introduit dans son ouvrage éponyme (2014). Ce qui, à ses
yeux, spécifie principalement l'art contemporain par rapport
à l'art moderne en général, c'est que l'« œuvre » (si l'on
ose encore cette dénomination) n'est plus immanente à son
substrat physique : une installation n'a ni socle ni cadre ni
aucun périmètre assignable, elle ne comporte d'ailleurs rien
d'objectif qui puisse justifier un tel exhaussement. Mais,
par le fait, elle se met en continuité avec ce qui l'entoure,

elle diffuse sa propre fréquence. Le happening, la perfor-mance, le dispositif vidéo aussi bien, intègrent de proche en proche le contexte dans lequel ils sont présentés. Dès lors, le musée est partout et nulle part, il s'annule dans sa propre extension. Mais surtout, par une sorte d'ironie provocatrice ou de déminage sémantique, les artistes s'emparent élective-ment des objets banals, particulièrement logorrhéiques à l'ère publicitaire, mais pour en subvertir ou en déconstruire le sens, et propager ainsi un *travail d'insignifiance* libérateur. C'est l'ordre symbolique que l'art met au défi par la subversion du signifiant, dirions-nous en paraphrasant Jacques Lacan.

Pour ma part, et au rebours de ce mouvement expan-sif, je prendrais en compte les créateurs venus de l'exclusion ou des antipodes du musée, les art-brutistes, les zadistes, les graffeurs – cela dit sans jugement de valeur de part ou d'autre : tant mieux si se coalisent les offensives menées de l'intérieur et de l'extérieur du cadre ! Et, pour en revenir à l'article de Jean-Jacques Roth, je souscris à son analyse, mais sans partager sa jubilation : à mon sentiment (j'allais dire « à mon sens »), dans l'œuvre de Ai Weiwei, il y a du sens – que du sens…

Colophon

DIRECTION ÉDITORIALE
Bernard Fibicher

COORDINATION ÉDITORIALE
Clément Dirié

TRADUCTIONS DE L'ANGLAIS
Alice Boucher, Martin Richet

TRADUCTIONS DE L'ALLEMAND
Marie-Liesse Zambeaux

CONCEPTION GRAPHIQUE
Gavillet & Cie, Geneva

GRAPHISME
Nicolas Leuba, Nicolas Bolay

FABRICATION
Musumeci S.p.A., Quart (Aoste)

CARACTÈRE TYPOGRAPHIQUE
Genath (www.optimo.ch)

CRÉDITS PHOTOGRAPHIQUES
p. 4, 16, 27, 43, 58, 89, 104, 151 : courtesy des artistes et des
photographes ; p. 9-10 : Courtesy Stephen Friedman Gallery,
Londres ; photo Stephen White

Tous droits réservés. Toute représentation ou reproduction, intégrale ou partielle, faite par quelque moyen que ce soit, sans l'autorisation préalable et écrite de l'éditeur constitue une contrefaçon sanctionnée par les articles L. 335-2 et suivants du Code de la propriété intellectuelle.

© 2022, les auteurs et JRP | Editions
© 2022, Musée cantonal des Beaux-Arts, Lausanne

Imprimé en Europe

PUBLIÉ PAR
JRP | Editions
Rue des Bains 39
CH–1205 Geneva
info@jrp-editions.com
www.jrp-editions.com

EN CO-ÉDITION AVEC
Les presses du réel
35, rue Colson
F–21000 Dijon
info@lespressesdureel.com
www.lespressesdureel.com

ISBN 978-3-03764-581-9 (JRP | Editions)
ISBN 978-2-37896-294-4 (Les presses du réel)

Distribution

Les titres publiés par JRP | Editions sont disponibles dans
le réseau international de librairies spécialisées et sont
distribués par les partenaires suivants :

FRANCE
Les presses du réel
www.lespressesdureel.com

SUISSE
AVA Verlagsauslieferung AG
www.ava.ch

ROYAUME-UNI ET AUTRES PAYS D'EUROPE
Cornerhouse Publications HOME
www.cornerhousepublications.org

ÉTATS-UNIS, CANADA, ASIE ET AUSTRALIE
ARTBOOK | D. A. P.
www.artbook.com

Pour obtenir une liste de nos librairies partenaires
dans le monde ou pour toute autre question, contactez
JRP | Editions directement info@jrp-editions.com,
ou visitez notre site Internet www.jrp-editions.com
pour plus d'informations sur la maison d'édition et
le programme éditorial.

Documents 31 :
Bernard Fibicher [éd.]
Résister, encore :
Œuvres d'art, culture & démocratie

Ce livre est le trente-et-unième
volume de la collection
« Documents sur l'art »,
consacrée à la publication en
français d'écrits critiques.

Cette collection a été fondée par
Lionel Bovier et Xavier Douroux.

Une édition anglaise de cet ouvrage
est également disponible sous
l'ISBN 978-3-03764-580-2.

<u>Disponibles</u>

DOCUMENTS SERIES (IN ENGLISH)

John Baldessari, *More Than You Wanted to Know*
About John Baldessari
ISBN 978-3-03764-192-7 (JRP|Editions) [*Vol. 1*]
ISBN 978-3-03764-256-6 (JRP|Editions) [*Vol. 2*]

Cristina Bechtler & Dora Imhof (eds.)
Museum of the Future : Now What?
ISBN 978-3-03764-569-7 (JRP|Editions)
ISBN 978-2-84066-268-5 (Les presses du réel)

Sarah Burkhalter & Laurence Schmidlin, *Spacescapes.*
Dance & Drawing since 1962
ISBN 978-3-03764-469-0 (JRP|Ringier)
ISBN 978-2-84066-917-3 (Les presses du réel)

Tim Griffin (ed.), *Writings on Wade Guyton*
ISBN 978-3-03764-473-7 (JRP|Editions)
ISBN 978-2-84066-945-6 (Les presses du réel)

Hans Ulrich Obrist, *A Brief History of Curating*
ISBN 978-3-905829-55-6 (JRP|Ringier)
ISBN 978-2-84066-287-7 (Les presses du réel)

Hans Ulrich Obrist, *A Brief History of New Music*
ISBN 978-3-905829-190-3 (JRP|Ringier)
ISBN 978-2-84066-619-6 (Les presses du réel)

Igor Zabel, *Contemporary Art Theory*
ISBN 978-3-03764-238-2 (JRP|Ringier)
ISBN 978-2-84066-573-1 (Les presses du réel)

Tomáš Pospiszyl, *An Associative Art History*
ISBN 978-3-03764-517-8 (JRP|Ringier)
ISBN 978-2-84066-982-1 (Les presses du réel)

Alice Rawsthorn, *Design as an Attitude*
ISBN 978-3-03764-521-5 (JRP|Ringier)
ISBN 978-2-84066-984-5 (Les presses du réel)